ADORACIÓN EN CRISIS

ADORACIÓN EN CRISIS

Errores de la adoración cristiana contemporánea y por qué no es bíblica

PETER MASTERS

WAKEMAN TRUST, LONDRES

ADORACIÓN EN CRISIS
Título original: Worship in the Melting Pot

Primera edición en español: 2011
Esta edición en español: 2014

WAKEMAN TRUST
(La *Wakeman Trust* es una institución benéfica del Reino Unido)

Oficina en el Reino Unido
38 Walcot Square
London SE11 4TZ

Oficina en los Estados Unidos de América
300 Artino Drive
Oberlin, OH 44074-1263

Página de Internet: www.WakemanTrust.org

ISBN 978 1 870855 75 4

Traducción: Bibiana Ortega García y Rene Ramírez Bates
Revisión: David y Maribel Bell, José Nieto
Diseño de portada: Andy Owen

Impreso por Marston Book Services, Reino Unido

"Dios es Espíritu; y los que le adoran, en espíritu y en verdad
es necesario que adoren"
(Juan 4:24).

ÍNDICE

CAPÍTULO 1

Adoración en Crisis

LA ADORACIÓN ESTÁ realmente en crisis. Un nuevo estilo de alabanza se ha filtrado en la vida evangélica, sacudiendo hasta las mismas bases, conceptos y actitudes tradicionales. El estilo de adoración seguido a través de toda la historia de las iglesias que sí creen y obedecen la Biblia ha sido dejado al margen; y ¿por qué no?, preguntan algunos jóvenes. ¿Qué problema hay con las bandas de música contemporáneas? ¿Acaso no hay todo tipo de instrumentos, incluyendo los de percusión, en los *Salmos*? ¿Acaso no se bailaba en la adoración en los tiempos bíblicos? ¿Acaso Dios no es el mismo ayer, hoy y por los siglos? ¿Por qué tendríamos que estar atados a una cultura victoriana triste en nuestra alabanza a Dios?

El propósito de este libro es contestar tales preguntas y también enfocarse en los cuatro grandes pilares de la adoración, que son principios que la Biblia enfatiza. ¿Tenemos en cuenta estos principios cuando consideramos detenidamente nuestro estilo de adoración?

Muchos cristianos hoy en día quedan estupefactos cuando se les muestra lo que *realmente* pasaba en el Antiguo Testamento y se sienten engañados acerca de las ideas superficiales que les han sido vendidas. Se vuelven muy serios y profundamente pensativos al escuchar las definiciones de adoración dadas por el Salvador y al ver todas las instrucciones prácticas de las epístolas.

Nuestro enfoque en la adoración es indudablemente la cuestión más importante a la que se enfrentan las iglesias bíblicas hoy en día y aquí está el porqué. Se pueden observar seis nuevas maneras de adoración, sumamente erróneas y que normalmente están todas mezcladas. Existe *la adoración de placer personal* que pone el placer del que adora en primer lugar en vez de la voluntad de Dios. Existe también la *adoración con lenguaje del mundo* que toma prestada la música actual de entretenimiento del mundo incluyendo sus ritmos, instrumentos, acciones y también sus presentaciones de la farándula, haciendo caso omiso a todas las advertencias que la Biblia hace con respecto a amar el mundo. Existe la *adoración estética* que imagina que orquestas, bandas y solos instrumentales son expresiones reales de adoración como si Dios fuera adorado *a través* de estas cosas, mientras que Cristo dijo: "Dios es Espíritu; y los que le adoran, en espíritu y en verdad es necesario que adoren". Existe también la *adoración extática* en la que la gente se lleva a sí misma a estados altamente emocionales y hasta semi hipnóticos, mientras que las Escrituras dicen que siempre debemos orar y cantar con el entendimiento. Está también la *adoración superficial* que reduce los himnos a coros que transmiten una o dos ideas elementales porque no se desean temas espirituales. Existe la *adoración informal* en la que líderes casuales, bromistas y banales transforman las iglesias en salas de estar, privando así al Señor de dignidad, reverencia, grandeza y gloria.

Es como si las iglesias evangélicas hubieran contraído seis virus al mismo tiempo. ¿Cómo pueden sobrevivir las iglesias si su más grande ocupación está enferma? ¿Cómo puede el pueblo de Dios guardarse sin mancha del mundo, si el mundo se ha apoderado de la adoración? ¿Cómo podemos llamar almas perdidas fuera de este mundo, si somos iguales al mundo? La adoración es ciertamente el tema más importante del momento.

En este libro me gustaría dirigirme con gran respeto a compañeros pastores, y oficiales de iglesia que puedan tender a adoptar algunos de los elementos de la nueva adoración. Hay numerosos trabajadores del Evangelio con gran dedicación que han llegado a sentir que deben dar una aceptación cuidadosa parcial a esta tendencia. Tal vez no les llame la atención a ellos personalmente, pero se les ha persuadido de que su reserva es meramente una cuestión de gusto y cultura. Según la sabiduría de hoy en día, para atraer gente a reuniones de jóvenes y a las iglesias tenemos que emplear canciones contemporáneas de adoración.

Otra sugerencia es que deberíamos introducir algo de la nueva adoración junto con la vieja y así preservar lo mejor de la adoración tradicional bíblica. El problema con esta propuesta es que la vieja y la nueva representan conceptos de adoración opuestos, tal y como estas páginas mostrarán. La nueva viola todos los principios bíblicos recuperados en la Reforma. Aún en la historia de la adoración nueva se ven señales de alarma y eso demuestra el abismo entre la vieja y la nueva.

Ahora es bien conocido el desarrollo de la nueva adoración y puede ser aquí esbozado en unos cuantos enunciados. Comenzó principalmente en California a finales de la década de 1960, cuando muchos hippies vinieron a Cristo y llegaron a ser conocidos como "la gente de Jesús". Adoraban con exactamente el mismo estilo de música que habían conocido como hippies. Varios movimientos cristianos fueron formados para motivarles, entre ellos los "Calvary Chapels". Su adoración consistía mayoritariamente en un coro de una línea que se repetía sin fin. Las letras eran simples, mucho más simples que la de los coritos tradicionales para niños y los temas eran elementales también. Casi no había confesión de pecado o doctrina alguna. Por más bien intencionado que haya podido ser, la nueva adoración no fue moldeada o influenciada por ningún modelo bíblico de adoración, ni por las prácticas generales de iglesias bíblicas de aquella época.

Era una forma de adoración hecha y concebida en la matriz de la meditación mística, en la cual cientos y miles de hippies se sentaban en las laderas de California con los ojos cerrados, balanceándose hasta llegar a un estado extático que hacía eco a sus previas experiencias con drogas. Los ex hippies llevaron a su nueva lealtad cristiana la misma búsqueda por emociones sensoriales a las cuales estaban acostumbrados y lamentablemente, ninguno de sus mentores cristianos les enseñó ninguna cosa mejor.

Este nuevo enfoque de la adoración avanzó rápidamente fusionándose con otra nueva corriente de música "cristiana" escrita por aquellos que simplemente querían que la música de adoración fuera como la música secular de rock. En otras palabras, estos últimos querían "divertirse" en un sentido mundano. Necesitamos estar conscientes de que esta nueva adoración se extendió a partir de estas dos bases, es decir el misticismo hippie y el "cristianismo" mundano. Y esto fue inmediatamente incorporado al movimiento carismático, de donde han venido la gran mayoría de las canciones de adoración nuevas. Tal información de su contexto debería llevarnos a tener gran precaución, pero los *principios bíblicos* de las siguientes páginas deberían ser el factor decisivo en la cuestión de aceptar o rechazar estas nuevas alternativas. Ciertamente no podemos mezclar conceptos opuestos.

CAPÍTULO 2

TRES PRINCIPIOS INFRINGIDOS
I – ¿Adoración Espiritual o Estética?

EL ESTILO DE ADORACIÓN de "música cristiana contemporánea" ha capturado un sinnúmero de congregaciones de todo matiz teológico alrededor del mundo, aunque no sin muchas batallas. Algunas veces la controversia ha llegado a ser tal que ha sido apodada "las batallas de la adoración". Como regla general, la principal estrategia usada por los defensores de la nueva adoración ha sido reducir el debate a una cuestión de gustos, estilos y generaciones.

"Los tradicionalistas" son acusados algunas veces de tener una negativa egoísta a ajustarse a una cultura cambiante. Hasta han sido llamados los fariseos de la Iglesia del siglo XXI, y se les ha acusado de ser culpables de obstruir un gran movimiento progresivo de la gente de Dios forzando división sobre cosas no esenciales. A pesar de todo, un gran número de iglesias todavía continúan firmes en contra de estas nuevas alternativas, creyendo que grandes principios están en peligro.

El problema con la retórica de aquellos que abogan por una nueva adoración es que no parecen reconocer y ni mucho menos discutir los principios de adoración históricos y bíblicos. Es como si en la Biblia no hubiera casi nada acerca de la adoración. Es como si la Reforma jamás hubiese reformado la adoración, expresando claramente grandes conceptos acerca de cómo deberíamos aproximarnos al Dios viviente. Es como si las definiciones fundamentales sostenidas a lo largo de los siglos se hubieran hecho invisibles e inexistentes. ¿Dónde han ido a parar estos principios vitales e invaluables? ¿Por qué casi nunca se habla de ellos? ¿Los defensores de la nueva adoración los evitan intencionadamente o sinceramente los desconocen? Lo que sí es cierto es que es una situación asombrosa el que pasen inadvertidos tan fácilmente.

La generación de creyentes de sesenta años o más recuerda que estos principios eran todavía enseñados en su juventud, pero hoy en día ya no. Las nuevas definiciones de adoración que han aparecido jamás hubieran sido aceptadas hace tan solo 50 años, puesto que son definiciones que rompen los principios centrales de una adoración cristiana protestante y evangélica, llevándonos de vuelta a un pensamiento católico y medieval. Estos capítulos identificarán tres desviaciones principales con respecto a estándares bíblicos (recogidos en la Reforma) típicos de todo el movimiento moderno de adoración. (Una cuarta desviación aparece en el capítulo 13).

Las iglesias que han adoptado canciones y música de adoración moderna de una manera moderada, deben tener en cuenta los errores profundamente significativos que dominan a los escritores y compositores del nuevo género. Los usuarios moderados de la nueva adoración se adhieren a una filosofía de adoración radicalmente desviada y así enseñan a su gente (posiblemente inconscientemente) a aceptar ideas de la pre-Reforma y con el tiempo, la escena contemporánea a gran escala. Esto no es una cuestión teórica y compleja: es sencilla y vital. Tenemos que saber lo que la adoración debería ser y debemos evaluar el nuevo estilo a la luz de los principios dados por Dios.

Tres principios infringidos
I – ¿Adoración espiritual o estética?

La desviación principal es la adopción de una *adoración estética*, prefiriéndola al requisito del Señor de que la adoración debe ser exclusivamente "en espíritu y en verdad" (*véase Juan 4:23-24*). "En espíritu" hace la adoración un producto del corazón y del alma. La adoración estética, por el contrario, es la idea de que las cosas que son hermosas, artísticas o hábilmente ejecutadas deben ser ofrecidas como una expresión de adoración a Dios. Está basada en la noción de que no solo adoramos con pensamientos espirituales procedentes de nuestras mentes y corazones, sino también con las habilidades creativas de nuestras manos y nuestros intelectos.

Los adoradores estéticos creen que la alabanza genuina necesita una dimensión "física" mayor que un mero canto al unísono. Suponen que Dios es un "esteta" que se sienta en los cielos y mira con apreciación la habilidad y belleza que traemos ante Él. Podemos traerle música emocionante, arreglos audaces, instrumentalismo brillante y canciones excelentes y esto le agradará. Podemos adorar (se piensa) no solo con palabras con gran significado, sino también con ofrendas sin palabras.

Esto es de inmensa importancia, porque la idea estética de adoración es totalmente opuesta a los estándares de nuestro Salvador (Cristo Jesús) y es la misma esencia del catolicismo medieval. La iglesia de Roma con todas sus misas, imágenes, procesiones, naves inmensas, vidrieras, túnicas costosas y coloridas, música rica, cantos gregorianos y procedimientos complejos hace una ofrenda de adoración a través de estas cosas. Toda su teatralidad es un acto de adoración que se cree que es agradable a Dios. Los gigantes espirituales de la Reforma volvieron a la Biblia y acogieron unánimemente el principio de que la adoración verdadera son palabras inteligentes (y de las Escrituras) ya sean dichas, pensadas o cantadas, llevadas por la fe al oído de Dios. Es verdad que algunas cosas del "teatro" romano permanecen en las iglesias episcopales, pero en términos generales, los ritos, ceremonias, imágenes y todo lo que representaba una ofrenda virtuosa ha sido erradicado.

Creemos que el Señor nos confía música e instrumentos para acompañar el canto de alabanzas, pero estos, de hecho, no pueden transmitir adoración pues son secundarios. No están hechos a la imagen de Dios, ni tienen almas ni tampoco son redimidos. El escritor moderno de himnos Eric Routley estaba totalmente errado cuando escribió las siguientes líneas (las cuales querían que fueran tomadas literalmente):

¡Gozosamente, de corazón, resonando!
Que cada instrumento y voz…

Trompetas y órganos entonen
Tales sonidos que hacen los cielos repicar.

Un antiguo himno anglo católico, escrito por Francis Pott, tocó el mismo punto estético con las siguientes palabras:

Arte de los artesanos y un poco de música,
A combinar para tu placer.

El enunciado popular recientemente acuñado de que la adoración es "una celebración de palabras y música" también rompe el principio fundamental de que la adoración tiene que ser exclusivamente "en espíritu y en verdad". Las palabras y los pensamientos son el todo en la adoración. La música tan solo puede ayudar a nivel práctico, pero no puede ser usada para expresar adoración. El creer que sí puede es caer en el trágico error de la adoración estética. El canto del pueblo de Dios debe ser grande y glorioso en términos de fervor y esfuerzo, pero son las palabras y el corazón de los adoradores lo que Dios desea. Todo adorno innecesario es una ofensa para Él. En primer lugar porque Él no lo ha pedido, en segundo lugar porque es una "mejora" insolente en lo que Dios ha establecido y en tercer lugar porque es una poderosa distracción a la adoración espiritual. ¿Suena esto extraño? Hoy en día tal vez sí, pero hace cincuenta años y también en los tiempos de la Reforma prácticamente todo cristiano hubiera dicho esto muy enfáticamente.

La adoración estética ha inundado las iglesias evangélicas protestantes pues la gente ha sido persuadida de que deben expresar gran parte de su adoración a través de la música y la instrumentación, e incluso a través del baile y de otros movimientos del cuerpo y también el drama.

Un defensor notable de las nuevas alternativas ha definido la adoración como "el descubrimiento de la voluntad de Dios a través de encuentros e impactos". No se ofrecen tan solo representaciones instrumentales y canciones como expresiones meritorias de adoración, sino que también se dice que de la misma representación uno obtiene alguna forma de revelación de Dios. Esto es seriamente creído por algunos de los principales arquitectos y promotores de la nueva adoración. ¿Acaso se dan cuenta de los errores místicos que hay detrás de estas nuevas maneras de adoración los evangélicos que adoptan parcialmente sus materiales? Hablando sin rodeos, la adoración estética es una gran zancada de vuelta a Roma y no tiene lugar alguno en la verdadera iglesia del Señor Jesucristo. Esta pone en duda y arruina la adoración espiritual y es contraria a toda instrucción de adoración del Nuevo Testamento. Al evaluar la nueva adoración debemos hacerlo a la luz de aquellos principios bíblicos recuperados (por la gracia de Dios) en el tiempo de la Reforma, el primero de ellos siendo que la adoración es espiritual y no una representación estética. En la Reforma la simplicidad, la inteligibilidad y la fidelidad a la Biblia reemplazaron el misterio imponente y pompa de Roma. Bien se ha sido dicho que la misa estéticamente espléndida dio paso al alma entendida.

¿Por qué sucedió todo esto? Los defensores de la nueva adoración parecen no saber. Saben que la Reforma cambió enseñanzas doctrinales, pero parecen no saber porqué cambió también la manera de adoración. ¿Acaso los defensores de la nueva adoración piensan que es solo una cuestión de generaciones? ¿Tienen una imagen de Lutero, Calvin, y los demás mártires protestantes como jóvenes que tan solo querían una nueva cultura? ¿Acaso creen que todo era tan solo una cuestión de gustos? La verdad es, por supuesto, que los reformadores acabaron con la adoración sensual de Roma y rechazaron habilidades y belleza como una expresión válida de adoración. (También rechazaron el "exaltamiento" de supuestas experiencias espirituales a través de cosas que cautivaban los ojos y los oídos, pero se hablará de estas más tarde).

¿Cómo ha sucedido que tantos cristianos evangélicos han adoptado la idea de que la adoración incluye una ofrenda de belleza y destreza? La razón más obvia es que el así llamado "movimiento para el crecimiento de las iglesias" ha adoptado el entretenimiento musical como *el* método principal utilizado para atraer personas externas a la iglesia y esa música tiene que ser justificada como parte de la adoración. Y además, en los Estados Unidos aún los seminarios teológicos y colegios cristianos más sanos han aumentado grandemente sus departamentos de música y sus cursos para "líderes de adoración". Inevitablemente, el papel de la música y el uso de complejos programas de adoración han aumentado aún en círculos más conservadores. Muchas iglesias han adquirido tanto ministros de música como líderes de adoración profesionales, y ¿cómo podrían funcionar estos hermanos altamente entrenados si no sintieran que todo su conocimiento y creatividad de alguna manera forman parte de una ofrenda de adoración eficaz?

En la adoración bíblica solo una ofrenda cuenta y esta es la que el eterno Hijo de Dios hizo una vez y para siempre en la cruz del Calvario. Ninguna cosa aparte del Calvario debería enseñarse como una ofrenda aceptable o como de algún valor meritorio de adoración. Nuestros pensamientos y palabras no son una "ofrenda" sino más bien expresiones de alabanza, acción de gracias, arrepentimiento, súplica, dedicación y obediencia, todas hechas aceptables por el Calvario.

De hecho, los escritores que promueven la nueva adoración usan un lenguaje que describe a Dios como si fuera un espectador satisfecho por una "representación" ("representación" es el término que *ellos* usan). Dicen explícitamente que Dios es la audiencia. Algunos de estos escritores proveen ilustraciones de estadios en sus libros, en los que la iglesia, con su coro y orquesta, está ubicada en la cancha, y la Palabra de "Dios" está inscrita alrededor del área de las gradas; y parecen estar muy complacidos con este panorama.

Es conveniente puntualizar que C. H. Spurgeon en sus días, no quería tener un órgano en el Tabernáculo Metropolitano de Londres porque notó cómo algunas de las iglesias más grandes se habían dejado llevar por sus magníficos instrumentos y por las grandes cualidades de sus organistas. Estaban complaciendo los oídos de la gente (como Spurgeon solía decir) con cosas musicalmente hermosas que no eran himnos. Le preocupaba que la gente fuera a la iglesia para ser entretenida en vez de para adorar; y peor aún, notó cómo la música, con su habilidad y hermosura, podría ser considerada por sí misma como un acto de adoración y una ofrenda a Dios. Hoy en día el Tabernáculo Metropolitano de Londres usa un órgano, pero siempre lo mantenemos bajo ciertos límites de manera que solo provee un acompañamiento y no se convierte en un medio de adoración. De esta manera expresamos la misma convicción acerca de la adoración que "el príncipe de los predicadores". Por ejemplo, jamás diríamos que el órgano "enriquece" la adoración; si bien disciplina el canto y mantiene el tono, sabemos muy bien que en términos *espirituales* no puede contribuir en nada.

Sin embargo, la adoración contemporánea es totalmente estética en práctica y propósito. Dios es la audiencia y los adoradores los artistas. Hábil instrumentalismo es parte de la ofrenda de adoración. Insistimos pues que muchas iglesias evangélicas han vuelto a Roma de esta manera, pero de hecho, la han superado en complejidad y cantidad de decibeles. En el comienzo de la historia del mundo, la ofrenda de Abel fue aceptada por el Señor porque era exactamente el acto que Dios había mandado: "una ofrenda humilde que representa la necesidad de redención". La ofrenda de Caín, sin embargo, fue rechazada porque representaba su propia habilidad, labor y arte. Era una ofrenda de "obras". El alardear nuestras habilidades ante Dios, como un acto de adoración, es realmente más parecido a la ofrenda de Caín que a la de Abel.

Los cristianos que han comenzado a degustar esta nueva adoración preguntan a veces: pero, ¿qué haremos con nuestros talentos si no los podemos expresar en adoración? Y he aquí el fondo del asunto. La adoración no es el ejercicio de nuestros talentos, sino el ejercicio de nuestros corazones y mentes. Para mucha gente esta es la genialidad perdida de la adoración; el principio que se ha perdido de vista de que la adoración no es una representación de belleza o de dones y habilidades personales hacia Dios, sino la comunicación del alma con Dios a través solamente de los méritos del Señor Jesucristo y del poder del Espíritu Santo. La adoración no es una actividad estética. Por cierto, el deseo de "expresar nuestros talentos" en adoración abre la puerta al elitismo, porque no mucha gente tiene dones musicales. ¿Cuál va a ser el límite? Si alguien tiene el "don" de tocar la gaita y otra persona el de jugar algún deporte, ¿vamos a incluirlos también en la adoración?

Volvemos a preguntar, ¿cómo es que los evangélicos han caído en este cambio de vista tan dramático? Pues, hemos sido entorpecidos por un número de prácticas que han servido como el principio de algo que tiene terribles consecuencias. Hemos notado que algunas características de antes de la Reforma han sobrevivido aún en iglesias reformadas, es decir, remanentes del teatro, vestuario y espectáculo del catolicismo. Todo esto ha sido mantenido en iglesias anglicanas (excepto en las denominadas iglesias "bajas") con un efecto permanente que socava, causando que buenas personas pierdan de vista una definición de adoración espiritual clara y concisa.

A través de los años, las iglesias no conformistas también han adoptado inconsistencias complacientes. Así, antífonas hermosas interpretadas por coros vinieron a ofrecer una contribución cada vez mayor a la adoración estética. Solos musicales en los cultos parecían suficientemente inofensivos y edificadores si los que adoraban seguían las palabras. Pero muy seguido estos solos se transformaron en solos instrumentales, de manera que a las congregaciones se les daban canciones sin palabras y se les enseñaba que esto era un acto de adoración. Tales prácticas han ayudado lentamente a reducir el concepto bíblico de adoración de tal manera que el pueblo de Dios ha ido perdiendo gradualmente los conceptos básicos. Hoy en día, estos conceptos han quedado en el olvido, y el juicio de los creyentes se ha confundido completamente. Más recientemente, la simplicidad está siendo presa de un ataque a gran escala mientras que se exalta la expresión de dones personales.

Tal vez se argumente que la adoración en el Antiguo Testamento estaba llena de acciones y arte ordenadas por Dios y que tal adoración no puede ser descalificada hoy en día. ¿Cómo podemos negar la virtud adoradora de la música y la canción ejecutada maestralmente? Pero resulta que no es cierto que los cultos en el Antiguo Testamento incluían obras de belleza y habilidad como expresión directa de adoración. Tanto el simbolismo en el diseño del Tabernáculo y del Templo, como las ceremonias realizadas por los sacerdotes representaban el trabajo de Cristo por ellos. Estas cosas representaban lecciones, no vehículos de adoración y fueron dadas como sermones visuales y no como actos meritorios. Eran imágenes dadas por Dios a modo de enseñanza de la salvación por gracia. La gente observaba y confiaba, mas su respuesta personal de adoración tenía que ser espiritual y de corazón. La verdadera adoración siempre ha sido una cuestión del corazón. Instamos una vez más a los lectores a considerar este punto principal de la adoración, porque la manera en que adoramos no es una cuestión cultural, de gusto o generación, sino más bien una cuestión de reglas dadas por Dios. Los principios cuentan. El gran enunciado que aparece en la *Confesión de fe de Westminster* y en la *Confesión de fe Bautista* del siglo XVII está en contra de todo lo que está sucediendo hoy en día:

> **"La manera aceptable de adorar al Dios verdadero es instituida por Él mismo; y está por tanto limitada por su voluntad revelada, para que no sea adorado de acuerdo a la imaginación e instrumentos de los hombres…".**

Tal vez ayude concluir estas páginas de *¿Adoración Espiritual o Estética?* con una simple pregunta. ¿Por qué querría la Iglesia incrementar o elaborar su instrumentación tradicional y cambiar su estilo de adoración? Si la respuesta es "para enriquecer nuestra adoración y expresar nuestros dones" entonces mostrará que el principio de "espíritu y verdad" se ha perdido y que el viejo error estético se ha introducido en nuestra iglesia.

CAPÍTULO 3

TRES PRINCIPIOS INFRINGIDOS
II – ¿Adoración Racional o Extática?

LA SEGUNDA DESVIACIÓN PRINCIPAL de la adoración contemporánea es que promueve sustituir la adoración *racional* por una adoración que llamamos *extática.* Dios requiere que le adoremos en "espíritu y en verdad". La parte del enunciado que se refiere a la "verdad" significa que la adoración debe ser *correcta* y también que tiene que ser *entendible* o racional. El apóstol Pablo hace eco de esto cuando insiste que los cristianos oren y canten con el entendimiento. Una mente clara y consciente es el órgano humano vital para la adoración. (Véase *1 Corintios 14:15,* y el capítulo 5 "Que el Señor defina la adoración").

La adoración *extática* es completamente diferente, pues tiene como objetivo estimular las emociones para producir un estado simulado de exaltación emocional. La adoración extática tiene lugar cuando el objetivo del ejercicio es obtener una sensación cálida de felicidad, o tal vez un gran entusiasmo; o hasta una sensación de la presencia de Dios *a través de los aspectos físicos y terrenales de la adoración,* tales como la música y el movimiento. Esto se persigue ansiosamente en los círculos carismáticos, teniendo los programas cuidadosamente ingeniados para traer a los que adoran a un punto emocional alto, y a veces a un punto semi-hipnótico también. En círculos no carismáticos el objetivo es un poco más modesto, pero esencialmente el mismo: producir un impacto emocional. Los líderes de adoración quieren saltarse la racionalidad y estimular los sentimientos por otros medios; es decir quieren estimular "sensaciones" para poder producir euforia.

No acusamos de manera injusta a los partidarios de la nueva adoración, ya que ellos mismos son los que dicen esto en sus libros y guías de adoración. El primer compás tendrá (según ellos) este y aquel efecto en los que adoran, y después la música tiene que tomar esta o aquella dirección para mantener el ánimo; y después de eso debe cambiar a otro tiempo, volumen, y tono. Los instrumentos, arreglos, acordes y ritmos deberían estar entretejidos para formar un patrón que moldee e influencie los sentimientos de la gente para maximizar sus sentimientos de adoración.

Frecuentemente, se usa una tremenda maestría musical en la "producción" de un culto, pero debemos darnos cuenta que cualquier intento de realizar una impresión *directa* en el alma a través del uso de la música, o de cualquier otra herramienta terrenal es adoración *extática*; a diferencia de la adoración espiritual y *racional*. Esta última, no trata de manipular los sentimientos mediante técnicas terrenales, sino que deriva su gozo de una apreciación espiritual sincera del Señor, de su Palabra, y de las grandes doctrinas de la fe. Claro que la música (y el acompañamiento musical) es permitido por el Señor, pero no se tiene que desplegar deliberadamente como un medio para despertar sentimientos. Al adorar, "los sentimientos" deberían ser nuestra respuesta a las cosas que entendemos y apreciamos en nuestras mentes.

Es cierto que muchas melodías de himnos tocan nuestros corazones a causa de su fuerte relación con sentimientos de salvación, y esto es sano y aceptable. Tales himnos han adquirido una calidad especial derivada de palabras valiosísimas. Pero los arquitectos de la adoración extática no tienen ningún derecho de raptar este agradable fenómeno y usar la música como el principal medio para conmover corazones y producir sentimientos. Esto es carnal, cínico, artificial y manipulativo.

Es tan solo al ser conmovidos principalmente por pensamientos inteligentes, que nos muestran al Señor y su obra, que tenemos sentimientos genuina y legítimamente espirituales. Las emociones avivadas enormemente mediante música sentimental o conmovedora pueden ser agradables puramente a nivel humano, pero no son adoración. Lo mismo se aplica a todos los sentimientos generados artificialmente. Si un predicador mueve a la gente hasta las lágrimas mediante "historias conmovedoras", su necesidad de Dios, o su arrepentimiento, no serán más que emocionalismo a corto plazo. Y sin embargo, si la gente entiende su necesidad a través de escuchar la Palabra (que es sin duda suficientemente conmovedora) su convicción y arrepentimiento serán genuinos y duraderos.

La música realmente no puede mover el alma, tan solo conmueve emocionalmente. La adoración válida comienza en la mente, y si esta evita el entendimiento, entonces no es adoración verdadera. Si la adoración es abrumada por cosas físicas tales como interpretaciones de orquestas maestrales y conmovedoras, entonces está en una situación comprometida y arruinada. Tal adoración nos recuerda a los israelitas que querían complementar el maná con otras comidas. Hoy en día tal vez muchos dicen a Dios, en efecto: "No eres suficiente, también necesito música sorprendentemente alta y rítmica para emocionarme".

Pablo expone el papel principal de la adoración en estas palabras: "Hágase todo para edificación" (Véase *1 Corintios 14:26*). La palabra *edificación* se refiere literalmente a la construcción de un edificio, pero Pablo siempre la usa para referirse al fortalecimiento del entendimiento. Cada elemento de la adoración debe ser entendido para que pueda ser válido. Somos conmovidos *espiritualmente,* no por la melodía, belleza, o espectáculo; sino por lo que entendemos.

"La adoración", como la describe el puritano Stephen Charnock, "es un acto del entendimiento donde este se aplica a sí mismo al conocimiento de la excelencia de Dios... También es un acto de la voluntad donde *el alma* adora y reverencia la majestad de Dios, es cautivada por su afabilidad, acoge su bondad, y fija todos sus afectos en Él" (*Works*, 1.298). Con nuestras mentes apreciamos al Señor, sus grandes actos y las doctrinas de su Palabra. Ya sea que estemos dirigiendo nuestra adoración hacia Él, o recibiendo verdad de Él, es la mente la que tiene que estar activa y ser edificada. Las emociones tienen que ser activadas por lo que es reconocido por la mente, y no por el poder directo de la música, los ritmos o el movimiento corporal.

Repetimos una vez más que en la adoración cristiana tenemos el privilegio de tener muchas hermosas melodías, y se nos permite cantar con acompañamiento; pero todo debe ser mantenido dentro de límites razonables, y así no se tiene que depender de todo ello para crear nuestros sentimientos. Y sin embargo, la nueva adoración está totalmente basada en música y en canciones, intencional y descaradamente usadas para tener un gran efecto e influencia sobre los sentimientos. John Wycliffe, "la estrella de la mañana de la Reforma", criticaba fuertemente el uso de canciones para "estimular el baile", o para incitar los sentimientos en adoración. Advirtió a sus contemporáneos en palabras de Agustino: "Cuántas veces la música me deleita más que lo que se canta, cuántas veces confesaré que he pecado gravemente". La música es un regalo maravilloso del Señor, pero nunca debe rivalizar o ahogar la adoración ofrecida en espíritu y en verdad.

El mismo punto es hecho por John Wesley en su consejo a cantantes de himnos cuando en 1781 escribió:

> "Ante todo, cantad espiritualmente. Poned la mirada en Dios en cada palabra que se cante. Que su objetivo sea agradarle a Él más que a vosotros mismos o a cualquier otra criatura. Atended estrictamente al sentido de lo que se canta, Y ASEGURAOS DE QUE VUESTROS CORAZONES NO SE DEJEN LLEVAR POR EL SONIDO, sino que sean ofrecidos a Dios continuamente, de tal manera que su canto sea aprobado por el Señor aquí, y recompensado cuando venga en las nubes del Cielo".

Para aclarar la cuestión, utilicemos una vez más la pregunta que se usó al cierre del capítulo de la adoración estética. ¿Por qué una iglesia querría incrementar su instrumentación habitual y tradicional, y cambiar su estilo de adoración? Tal vez la respuesta sea similar a la siguiente: "Porque de esta manera nos elevaremos y emocionaremos y sentiremos más al Señor". Una respuesta como esta indicaría que la adoración *racional* ha sido abandonada y la adoración *extática* está ocupando su lugar. No puede haber gozo mayor que el responder en apreciación *espiritual* a grandes bendiciones *espirituales.* ¿Por qué se necesitarían más instrumentos para mejorar esto? Cualquier grupo, banda, u orquesta con toda certeza estarán propensos a introducir un elemento extático a la adoración, y esto va en contra de los principios de adoración del Nuevo Testamento.

Es innegable que la nueva adoración tiene la intención de estimular las emociones de manera externa y artificial, y a este respecto es totalmente igual al catolicismo, cuya adoración, como hemos visto, es una ofrenda estética; y de hecho, es también extática y está diseñada para captar y satisfacer las emociones, pues bombardea los sentidos con aromas, campanas, procesiones, cánticos y demás. La misa en latín de antaño no era acerca de *entender* sino acerca de impresionar los sentidos. También, réquiems conmovedores eran compuestos para influir a la gente emocionalmente. Igualmente, las misteriosas interpretaciones de Roma eran calculadas para captar y conmover sentimientos. El medio era considerado más agradable y emocionalmente efectivo que el mensaje y a eso estamos volviendo en las iglesias evangélicas de hoy en día. Las herramientas son ciertamente diferentes, pero no cabe duda de que la adoración cristiana contemporánea comparte las mismas ideas teatrales y mundanas de Roma.

Uno de los pioneros británicos de la nueva adoración bosquejó su propio peregrinaje en un artículo de una revista. Su historia es alarmantemente reveladora. Recordaba cómo, cuando era joven, una vez se levantó de su asiento apesadumbrado al comienzo de un culto:

" . . . resignado a una mañana miserable, pensaba para mí mismo cuán horrible era que el himno que estábamos cantando tuviera tantas estrofas. La mayoría de las líneas no tenían sentido ninguno para mí. ¡Y aún peor, había tres himnos más como este antes de que la reunión terminara! Todo era en verdad aburrido.

Intenté inyectar sentimiento a la 'adoración' lo mejor que pude, pero era como tratar de conseguir la última gota de jugo de una naranja reseca, tan solo para terminar decepcionado al no obtener nada.

Y lo peor de todo, me pasé todo el tiempo pensando lo que el pastor había dicho al comenzar el culto. Nos dijo que pasaríamos la eternidad dedicados a la adoración. No podía pensar en ninguna posibilidad más espantosa. ¡Sin duda eso sería resistencia eterna y no vida eterna!"

El escritor fue muy franco. No se estaba quejando de que el culto fuera poco sólido o que fuera pobremente dirigido. Estaba menospreciando *cualquier* culto de adoración tradicional. Procedió a decir que descubrió placer en las nuevas canciones y música, porque éstas inspiraban sus pasiones y le daban libertad para expresar sus sentimientos sin inhibiciones. Pero, ¿por qué no pudo identificarse con los grandes himnos de fe en la iglesia de su juventud? ¿Por qué el dirigir pensamientos y palabras sinceras a Dios no le conmovió, sino que le aburrió hasta la distracción? La respuesta es que para él las emociones tenían que ser creadas mediante ayudas externas y acciones desinhibidas. Los sentimientos tenían que ser manufacturados a través de ritmo, repetición y acción física. Y esto es justamente lo que queremos decir con adoración "extática". Trágicamente nadie le dijo a este joven dónde se estaba metiendo, y que eso era artificialidad y complacencia a la carne. Nadie lo ayudó (asumiendo que poseía vida espiritual real) a amar al Señor con el corazón y la mente.

Podemos entender cuán necesarias son las técnicas de adoración extática en el movimiento carismático. Allí, a causa de la superficialidad de la predicación, grandes números de personas no son genuinamente convertidas y por ende necesitan estimular sus emociones artificialmente, ya que sin esto, no existe nada que ellos puedan disfrutar. Similarmente, en algunas de las así llamadas "mega iglesias" de EE.UU. donde el verdadero reto del evangelio es grandemente diluido para no ofender a los que están presentes, gran número de personas no convertidas dependen de los impactos emocionales externos de producciones musicales. Si las personas son llevadas a profesiones de fe fáciles, y no son verdaderamente cambiadas por el poder del Espíritu, no serán capaces de tener apreciación espiritual, la cual es la base de la verdadera adoración.

Los principales exponentes de la nueva adoración frecuentemente hablan en contra de los himnos diciendo que son muy cerebrales y complejos. Dicen que el "significado" oscurece el "sentimiento". Principalmente, quieren estribillos porque estos, con su mínimo contenido de verdad, no estorban la música y su efecto sobre las emociones. Ellos han sido acusados de "bajar el nivel" intelectual de la adoración, y esta acusación es cierta.

Es necesario hablar de la explotación extrema de la adoración extática, que en realidad es lo mismo que la adoración *mística*. Esto pasa cuando el impacto emocional de la música y las canciones están diseñadas para dar la impresión de un "toque directo" de Dios, o un sentido extraordinario de unión con Él. En religiones místicas no cristianas, esta sensación es producida por técnicas tales como la contemplación y la repetición de pensamientos. En la adoración carismática esta sensación es estimulada mediante una gran manipulación musical; las personas se mecen con los ojos cerrados, cabezas hacia arriba y brazos estirados, rindiéndose totalmente al impacto de palabras repetidas y a la música. El sentimentalismo de sus coros e himnos a menudo alegan tener un toque directo del Señor, o un fuerte sentimiento de sus brazos en derredor. En vez de aproximarse a Dios por la fe, reflexionando en su verdad perfectamente segura y en su maravilloso trabajo, estos adoradores manufacturan una impresión "directa" de la presencia de Dios.

La adoración mística representa el punto extremo de la adoración extática, pero ahora tiene un gran número de seguidores alrededor del mundo. En ella, El entendimiento es infructífero, pero eso importa poco, el Espíritu y la verdad son hechos anticuados, y los sentimientos artificialmente producidos reinan. ¿Está entrando este extremo místico en los círculos no carismáticos? La alarmante respuesta es que sí, como muestra un enunciado de un profesor de un seminario estadounidense no carismático. Aquí está su ampliamente aceptada definición de adoración:

> **"La adoración es un encuentro en que la gloria de Dios, su Palabra y sus atributos son revelados; y nosotros respondemos con canciones y oraciones de celebración. Los adoradores buscan un encuentro con la gloria de Dios, el poder trascendental y el numinoso misterio de lo divino".**

Nótese la palabra "encuentro". ¿Habla de un encuentro de fe? No, no es nada más que un encuentro místico con la *gloria* de Dios. ¿Estamos leyendo demasiado entre líneas? Tristemente no, porque es también descrito como un encuentro con el *poder trascendental* de Dios. Sin lugar a duda el lenguaje es demasiado fuerte para describir ninguna otra cosa que una sensación mística tangible. El uso de las palabras *misterio numinoso* es concluyente, ya que la palabra *numinoso* se refiere a la majestuosa presencia de divinidad. Este teólogo cree seriamente que la adoración es un encuentro *tangible* con la gloriosa presencia de Dios en un sentido totalmente místico. Después procede a mostrar cómo esto es producto de los contenidos y adornos de un culto.

Debemos advertir que las viejas definiciones están siendo descartadas con indiferencia y aún a veces con desprecio; y nuevas ideas están siendo postuladas, las cuales son totalmente contrarias a la Biblia y a las enseñanzas bíblicas y de la Reforma. La nueva adoración es firmemente extática (y también ampliamente mística) en vez de racional y basada en la fe. Pensando en aquellos que sienten que quizás algún elemento de las canciones de nueva adoración pueda ser adoptado sin peligro por los "tradicionalistas", ¿podría acaso ser sabio tomar lo más mínimo de esta corriente extática?

CAPÍTULO 4

TRES PRINCIPIOS INFRINGIDOS
III – ¿Adoración Sagrada o Profana?

LA TERCERA DESVIACIÓN FUNDAMENTAL con respecto a los principios bíblicos de adoración es la negativa moderna a aceptar el gran abismo entre lo sagrado y lo profano; de tal manera que las formas de entretenimiento del mundo están siendo importadas a la iglesia para alabar a Dios. Hasta hace poco, este escritor usaba el término "adoración de estilo mundano" para describir esto, pero le faltaba precisión. La gente naturalmente preguntaba ¿qué es exactamente lo mundano? ¿Un estilo musical (o un instrumento) no es adecuado para la adoración simplemente porque el mundo lo usa? No, lo que lo hace inadecuado para el uso espiritual es que sea usado por el mundo para promover una agenda anti Dios y antimoral.

La palabra *profano* enfoca la cuestión más claramente. El ser *profano* es tratar cosas bíblicas y sagradas con irreverencia o indiferencia a modo de vulnerarlas y contaminarlas. ¿Es la música clásica mundana o profana? En general, no. Puede que sea una música bella, que no se identifique ni promueva una cultura o un mensaje antiDios, antimoral. ¿Y son las viejas canciones de folclore profanas? Usualmente no. Muchas fueron inocentemente cantadas por generaciones en escuelas primarias de una era más moral. (Nótese, por favor, que este último comentario se refiere a las *viejas* canciones folclóricas, y no a las del género nuevo).

¿Y es el entretenimiento moderno profano? Definitivamente sí, porque es la cultura más poderosamente determinada a ser anti-Dios, antimoral, y antiautoridad que ha habido por siglos. Es profano porque trata las cosas morales y sagradas con suma irreverencia e indiferencia. Condena activa y militantemente la moralidad bíblica, sustituyéndola por lo opuesto. Promueve descarada y vigorosamente una sociedad alternativa incluyendo también la adoración egocéntrica, y de lujurias y concupiscencias como normales, razonables y aceptables; y ésta es su posición incuestionable en la mente del público.

Por esta razón, el nuevo movimiento de adoración está inmensamente mal, y peca contra Dios cuando toma prestados y emplea todos los componentes distintivos de la cultura popular de entretenimiento de hoy en día. La adoración moderna es una identificación artística total con esa cultura, y es contraria a la exhortación de *1 Juan 2:15-16*:

> **"No améis al mundo, ni las cosas que están en el mundo. Si alguno ama al mundo, el amor del Padre no está en él. Porque todo lo que hay en el mundo, los deseos de la carne, los deseos de los ojos, y la vanagloria de la vida, no proviene del Padre, sino del mundo".**

La adoración moderna abusa igualmente de la advertencia paralela de *Santiago 4:4*:

> **"¡Oh almas adúlteras! ¿No sabéis que la amistad del mundo es enemistad contra Dios? Cualquiera, pues, que quiera ser amigo del mundo, se constituye enemigo de Dios".**

El Señor nos llama a someternos a sus estándares, y resistirá, es decir, no bendecirá a aquellos que se ponen a sí mismos por encima de la Palabra. Esto está claro en *Santiago 4:6*, donde inmediatamente después de la prohibición de la amistad con el mundo, se da la advertencia a los ofensores: "Dios resiste a los soberbios".

La necesidad de distinguir entre lo sagrado y lo secular; o entre lo sagrado y lo profano; o lo espiritual y lo mundano siempre ha sido un principio que ha gobernado entre los verdaderos cristianos. Claro que la "cultura" de la casa de Dios deber ser de gozo, y sin embargo, al mismo tiempo debe honrar los valores reverentes de adoración bíblica. Hasta la década de 1960, la mayoría de los evangélicos creían que la iglesia y el mundo representaban estándares, tipos de vida, y gustos opuestos; y por ende, la mayoría de las jovialidades populares del mundo eran tratadas con gran sospecha y desconfianza. La adoración espiritual nunca debería haberse confundido, o mezclado, o ni siquiera manchado con el fin degradante de la gama de entretenimiento popular, porque uno pertenecía al ámbito de las cosas sagradas y el otro al ámbito de las cosas seculares o profanas. Todos estaban convencidos de que nuestro Dios todopoderoso, estaría ofendido y creían que los pecadores perdidos no podrían ser llamados fuera del mundo por una iglesia que había adoptado su estilo de vida y valores de entretenimiento. Era sabido, virtualmente por todo cristiano serio, que el emplear para la adoración algo que estaba obviamente asociado con, o que había surgido de una cultura alternativa de sexo libre, impiedad, drogas, y orgías emocionales sería mucho peor que inapropiado, sería pecaminoso.

Los cristianos del pasado reciente pudieron ver que dos mundos y reinos diferentes estaban en total y absoluto contraste el uno con el otro, siendo las iglesias las que defendían la soberanía y santidad de Dios. Estas representaban lo santo y lo elevado, y por ende, renunciaron a la ayuda de un mundo carnal y su estilo, y dependieron del poder de Dios y por eso tenían poder espiritual en su adoración y no el "poder" carnal del entretenimiento y del sentimentalismo. Como si se estuviera probando las convicciones de los creyentes, los movimientos mundano-cristiano y hippy surgieron. Inicialmente, la mayoría de los evangélicos conservadores quedaron horrorizados, pero rápidamente, las nuevas tendencias fueron adoptadas por numerosos líderes de grupos de jóvenes, iglesias superficiales y también por algunos evangelistas internacionales que estaban anteponiendo la atracción terrenal a los estándares de Dios.

Hoy en día hay muchos que han olvidado que el padre de los fieles, Abraham, fue llamado a salir de la cultura de un mundo pagano para vivir de una forma totalmente distinta para el Señor. También, los hijos de Israel en el desierto fueron severamente juzgados por querer volver a los productos alimenticios de Egipto, aunque estos no eran intrínsecamente pecaminosos, pero Dios había provisto algo especial para ellos. El Señor estaba enseñando a su iglesia a ser un pueblo distintivo. Bajo la ley de Moisés, se enseñó a las personas a distinguir entre lo santo y lo pecaminoso de muchas formas; y entre lo limpio y lo inmundo, aunque esto significara la prohibición de cosas no intrínsecamente malas, para grabar así en ellos la ley de distinción y separación. Los verdaderos cristianos han creído tradicionalmente (como Pablo dijo) que estas cosas "para nuestra enseñanza se escribieron".

A través del Antiguo Testamento existen innumerables ejemplos de la ira divina contra cualquier forma de mezcla con la cultura de las naciones de alrededor para la adoración. En los tiempos de Nehemías, un necio y corrupto sumo sacerdote le dio a Tobías el Amonita una cámara *en el Templo.* Nehemías entonces arrojó "todos los muebles de la casa de Tobías fuera de la cámara" y limpió a fondo toda el área. La misma limpieza es necesaria hoy en día en el templo de adoración cristiana. La reprobación de Dios a Israel *(Ezequiel 22:26)* se aplica particularmente en estos días:

> **"Sus sacerdotes violaron mi ley, y contaminaron mis santuarios; entre lo santo y lo profano no hicieron diferencia, ni distinguieron entre inmundo y limpio; y de mis días de reposo apartaron sus ojos, y yo he sido profanado en medio de ellos".**

Unas palabras gloriosas al final de la profecía de Zacarías hablan figurativamente de la adoración de la iglesia del Nuevo Testamento, y cómo aún en la campanilla (o cascabel) de los caballos estarán grabadas estas palabras: "SANTIDAD A JEHOVÁ"; y las ollas en la casa serán tan sagradas como los tazones del altar. Nada profano ha de invadir. Ya sea que consultemos el Antiguo o el Nuevo Testamento, se demanda pureza y separación en la adoración. Debe existir una distinción marcada entre lo sagrado y lo secular. Mientras que la cultura de este mundo siga representando de una manera inconfundible el vivir en la carne, los creyentes la deben rechazar. La principal corriente evangélica histórica siempre ha tomado esto muy seriamente. Los fundadores y edificadores de prácticamente todas las iglesias evangélicas existentes antes de 1960 se aferraron tenazmente a la distinción entre lo espiritual y lo mundano; y esos ministros y evangelistas, con sus ancianos y su gente, estarían universalmente horrorizados por lo que está pasando hoy en día en los lugares que ellos originaron. ¿Estaban equivocados? ¿Estaban bíblicamente mal informados? ¿Eran tontos, o estaban patéticamente esclavizados a una mera tradición?

Los promotores de la nueva adoración presentan repetidamente el absurdo argumento de que los himnos "tradicionales" de hoy en día fueron alguna vez novedades polémicas que ganaron aceptación gradualmente. El nuevo estilo de las canciones de adoración, según ellos, pronto será aceptado como parte del panorama. En otras palabras, los defensores de los himnos tradicionales están haciendo un alboroto tonto e insignificante. También se alega que muchos himnos "tradicionales" fueron originariamente música de taberna o canciones de teatro de variedades.

Esta afirmación intenta obscurecer el hecho de que los verdaderos cristianos del pasado distinguían muy cuidadosamente entre lo sagrado y lo profano. ¿Y acaso son ciertas estas afirmaciones que escuchamos tan a menudo? La respuesta debe ser expresada claramente y sin rodeos porque la mala información es peligrosa en un asunto tan importante como este. Estos cargos son históricamente absurdos. Aquellos que los repiten, han confiado en una fuente ignorante o maliciosa que no era digna de su respeto. Nos gustaría rastrear estas afirmaciones hasta sus orígenes, pero parece imposible. Lo que importa es que son completamente incorrectas. Son mitos muy vendidos.

Por ejemplo, se escucha la pulla de que Lutero usaba música de taberna y melodías de baile para sus himnos. Se dice que su música estaba enormemente influenciada por el entretenimiento secular de ese tiempo, y que la adoración del nuevo estilo no es peor que eso. ¿Tomó prestado Lutero del mundo secular de su alrededor? Esta acusación no es verdadera. A través de la historia de la iglesia, se ha tenido gran cuidado con el uso de la música. Lutero amaba la música y quería que la gente la cantara. En su día, introdujo el canto congregacionalista de himnos y quería que los himnos tuvieran melodías excelentes. Antes de la Reforma, la iglesia de Roma no tenía canto ninguno por parte de la congregación. La gente solo escuchaba tales cosas como los cantos gregorianos junto con otras cosas representadas por los monjes y coros especiales.

Lutero mismo era compositor y también adaptador de otros trabajos. Leemos en el trabajo de Robert Harrell: *Martin Luther: His Music, His Message* (Martín Lutero, Su Música, Su Mensaje) que Lutero escribió treinta y siete corales; de los cuales él mismo escribió quince, y trece fueron derivados de música existente en la iglesia católica. Otros cuatro fueron tomados del folclore religioso alemán. Solo uno de entre los treinta y siete vino de música folclórica secular, lo cual no justifica en absoluto la idea de que Lutero se sirvió de recursos seculares. Y en el caso de esa única canción tomada del folclore secular, se argumenta que el mundo secular había robado esa melodía de la iglesia y Lutero lo único que hizo fue reclamarla (no sin antes haberla adaptado y saneado).

A los promotores de la nueva adoración les encanta citar a Lutero diciendo: "¿Por qué el diablo debe tener todas las melodías bonitas?" Lo que ellos no le dicen a sus oyentes es que Lutero hablaba de la música de la iglesia católica y no de la música de taberna. No estaba interesado en robar del mundo de su alrededor. Si se daba el raro caso de que se usara una melodía secular, se cambiaba enormemente; y qué más podríamos esperar del reformador que escribió:

> **"Toma especial cuidado en rechazar mentes perversas que prostituyen este hermoso don de la naturaleza y del arte con sus despotriques eróticos. Y ten la plena certeza de que ningún otro sino el diablo mismo los incita a desafiar su naturaleza misma... Roban el don de Dios y lo usan para adorar al enemigo de Dios".**

Lutero claramente creía que la música tenía que ser identificada con su fuente y usuarios. Fue el mundo de esos días el que robó a la iglesia para obtener una línea melódica para una canción de bar subida de tono, pero no al revés. Claramente, como hemos anotado, no sería una violación de la distinción entre lo sagrado y lo profano el tomar prestado de esferas relativamente inocentes de música secular, como lo era el viejo género de música folclórica. Pero las melodías de los himnos jamás han sido traídas (hasta ahora) o moldeadas por ningún lenguaje musical asociado a una oposición agresiva hacia la autoridad de Dios y la moral bíblica. Lutero afirmó con denuedo que nunca había usado una canción de bar o una melodía de baile. La gente lo acusa de un "crimen" del que hubiera estado horrorizado. Y repetimos, es una acusación no sustentada por la historia.

En su libro, *England Before and After Wesley* (Inglaterra Antes y Después de Wesley), J. W. Bready nos habla acerca del gran avivamiento del siglo XVIII diciendo que los himnos y los coros populares no contenían ningún rasgo de clamor y no tenían ninguna semejanza con el alboroto y la furia del jazz moderno. Este nuevo cantar de himnos, dice Bready, estaba expresado con una música inmediatamente lírica, solemne, conmovedora y dulce.

¿Acaso la adoración evangélica se reinventa a sí misma cada ciertas décadas al adoptar nuevos himnos y formas musicales que son controvertidas al principio, pero que pronto se convierten en el statu quo. Sí, contestan los defensores de la nueva adoración con mucha labia, pero con poca sinceridad. Pero, supongamos que cualquiera de los lectores solo visitara una librería de segunda mano de su área y tomara algún viejo himnario. Tal vez haya libros del siglo XVIII allí. Al tomarlos y examinarlos, tal vez le sorprenda ver cuántos de los himnos le son familiares. Estos conforman la columna vertebral de los himnarios conservadores de hoy en día. Si está familiarizado con los nombres de las melodías de los himnos (los cuales están normalmente escritos arriba de los himnos), se dará cuenta de que la mayor parte de estos nombres aún conforman la mayoría de las melodías de los himnarios modernos. Es de notar cuán estable la escena de adoración ha sido a través de muchos años. Esto es debido a que la iglesia de Cristo ha tenido por mucho tiempo su propia cultura de himnos y melodías para los mismos; los cuales fueron creados para adaptarse a una alabanza reverente, inteligente y de corazón, mantenida bien separada del mundo de profanidad.

Es cierto que muchas nuevas "corrientes" con diferentes énfasis han aparecido de vez en cuando en la colección tradicional de himnos, tales como los himnos afectivos y subjetivos de escritores estadounidenses de finales del siglo XIX. Pero estos prácticamente siempre han mantenido la línea y se han mantenido alejados de la música profana, mundana. Si bien han agregado a los principios que hay detrás de los himnos evangélicos, nunca los han traicionado. Es inmensamente triste ver como este testimonio, que ha sido largamente sostenido y basado firmemente en principios bíblicos, es despedazado por un "revisionismo histórico" deshonesto y superficial. Los argumentos y burlas de los promotores de la nueva adoración son equivocados e incluso escandalosos. Es una gran vergüenza ver a gente buena siendo engañada por ellos.

Una declaración importante acerca de la nueva adoración apareció en un artículo en una revista cristiana. El escritor hablaba de "Willow Creek", una mega iglesia en los Estados Unidos muy conocida por su adoración contemporánea, y dijo: "Solamente una generación que amó Woodstock podría amar Willow Creek". Los líderes de adoración y los que cantan en Willow Creek habrán estado muy complacidos de leer esto, porque eso es exactamente lo que se proponen conseguir.

Su adoración fue diseñada para cerrar la brecha entre la iglesia y el mundo; para hacer la iglesia más aceptable al mundo. Pero de acuerdo con Santiago, hacer que la iglesia se parezca al mundo es hacerla enemiga de Dios.

Y por tercera vez haremos nuestra simple pregunta, ¿por qué querría la iglesia incrementar su instrumentación tradicional y habitual, y cambiar su estilo de adoración? ¿Cuál es su propósito? ¿Qué es lo que conseguirá? ¿Qué pueden lograr las guitarras y la batería? ¿Y qué será agregado mediante la inclusión de trompetas, trombones, tambores, saxofones y xilófonos (que son tan comunes hoy en día)? La respuesta tal vez sea algo como lo siguiente: "Esto nos recomendará a la generación presente, y les atraerá y mostrará que el cristianismo no está desfasado, sino que sí es para ellos; y les dirá que no tienen nada que temer de nosotros". Una respuesta así mostrará que la separación bíblica de la iglesia para con el mundo ya no se entiende ni se honra. Ambos pueden unirse ahora y eliminar así la ofensa de la cruz. Hemos hecho la simple pregunta de prueba acerca de incrementar los instrumentos y del cambio de estilo musical tres veces, para mostrar que las respuestas típicamente dadas hoy día delatan el desliz hacia políticas de adoración estéticas, luego extáticas, y finalmente profanas.

Las tres desviaciones descritas en las páginas precedentes contradicen principios cruciales recuperados en el resplandor de luz del Nuevo Testamento que brilló tan intensamente en el tiempo de la Reforma. La adoración debe ser ofrecida en espíritu y en verdad y no mediante obras habilidosas o mediante arte. La adoración debe ser direccionada desde el entendimiento, siendo nuestro gozo una respuesta a las cosas que sinceramente apreciamos (y entendemos) y no un gozo artificialmente generado y alimentado por medios "físicos". La adoración debe mantenerse distinta de una cultura decadente, impía y mundana. Estos principios nunca deben ser descartados ni debemos renunciar a ellos. La manera en que adoramos no es un accidente de la historia, sino la aplicación de principios. No es una cuestión de cultura y generación, sino una cuestión de obedecer y complacer a Dios Padre, a quien se dirige la adoración; a Dios Hijo, en cuyo nombre se ofrece; y a Dios el Espíritu Santo, quien habilita la adoración y la traduce al "lenguaje" del Cielo. ¿Tenemos claros los grandes principios de adoración? ¿Los estamos enseñando, aplicando y probando? Estas cosas son esenciales si se ha de traer gloria y honra al Señor, y el pueblo de Dios ha de ser realmente santificado y bendecido.

Reverencia

Existe un cuarto principio básico de adoración que hemos separado de los tres que acabamos de estudiar porque este cuarto principio no necesitó ser totalmente recuperado en la Reforma. A pesar de la falta de sinceridad generalizada de los sacerdotes de la iglesia romana, en general se daban cuenta de que le debemos un respeto profundo y temor reverencial a nuestro Dios todopoderoso. Algunos de los que profesan ser cristianos han esperado hasta ahora antes de decidir que la reverencia es opcional. Este cuarto principio esencial es el tema del capítulo 13: "La Reverencia Comienza en el Lugar de la Adoración".

CAPÍTULO 5

Que el Señor Defina la Adoración

NO HAY ELEMENTOS FÍSICOS o acciones en la adoración del Nuevo Testamento aparte del bautismo y la Cena del Señor, los cuales fueron ordenados por el Salvador tan solo como figuras representativas. De ese modo, el Señor es fiel a sus propias palabras: "Dios es Espíritu; y los que le adoran, en espíritu y en verdad es necesario que adoren". Teniendo en cuenta este versículo, tendría que ser obvio que no podemos adorar a través de bailes o ninguna otra acción física. (Se tratará el tema de bailar y levantar las manos en capítulos posteriores).

Ya hemos puntualizado repetidamente que la adoración no puede ser transmitida mediante melodías o instrumentos, ya que la música no es más que una ayuda maravillosa en el canto de alabanzas. Por esta razón nunca debemos abandonar o minimizar las palabras, e intentar adorar a través de la música solamente. Otra fuente bíblica de este principio se encuentra en el último libro de la Biblia donde la adoración de creyentes tanto en el Cielo como en la Tierra es representada en una magnífica y espectacular visión.

La propia definición del Señor de la adoración es expuesta con gran detalle en una visión dada a Juan y recogida en los capítulos 4 y 5 de Apocalipsis. Estos capítulos presentan una visión del gobierno de Dios sobre su Iglesia y también sobre la adoración de la Iglesia. En el centro de la escena está el glorioso trono de Dios, con las tres personas de la Trinidad presentes allí (*Apocalipsis 4:2, 4:5, 5:1 y 5:6*). Se usa un lenguaje exaltado para describir el trono, el cual proyecta poderosos fenómenos que simbolizan los atributos de Dios.

Alrededor del trono aparecen cuatro seres vivientes que normalmente se identifican como el querubín de justicia de Dios que protege la santidad de Dios (*Apocalipsis 4:6-9*). También, ante el trono hay un gran mar de vidrio que representa (de acuerdo con la mayoría de los intérpretes) los méritos de expiación y la rectitud y justicia ofrecidas por Jesucristo, que son el único medio para aproximarse al trono (*Apocalipsis 4:6*).

Afuera y alrededor de ese mar de vidrio, normalmente representados como un vasto círculo, hay veinticuatro ancianos que muy obviamente representan, doce patriarcas y doce apóstoles. En otras palabras, todos los creyentes de ambos Testamentos. Es decir, es la iglesia tanto Judía como gentil; pasada, presente y futura; es toda la compañía de personas redimidas (*Apocalipsis 4:4 y 10*). Fuera y alrededor del círculo está el ejército de los ángeles cuyo número es de millones de millones.

En el curso de esta visión descubrimos cómo el pueblo de Dios, tanto en el Cielo como en la Tierra, adora a Dios. La elección de palabras es de suprema importancia. En *Apocalipsis 4.8* leemos cómo adora el querubín de justicia, que tal vez es el más alto de todos los ángeles. "Y los cuatro seres vivientes tenían cada uno seis alas, y alrededor y por dentro estaban llenos de ojos; y no cesaban día y noche de DECIR: Santo, santo, santo es el Señor Dios Todopoderoso". La palabra que debemos observar es "decir". *Decían* su adoración, (retomaremos esto en su momento). En los versículos 10 y 11 leemos cómo adora la iglesia de todos los tiempos. "Los veinticuatro ancianos se postran delante del que está sentado en el trono, y adoran al que vive por los siglos de los siglos, y echan sus coronas delante del trono, DICIENDO: Señor, digno eres de recibir la gloria y la honra y el poder; porque tú creaste todas las cosas, y por tu voluntad existen y fueron creadas". Ellos *hablaron* su adoración.

En el capítulo 5:8-9 leemos: "Y cuando hubo tomado el libro, los cuatro seres vivientes y los veinticuatro ancianos se postraron delante del Cordero; todos tenían arpas, y copas de oro llenas de incienso, que son las oraciones de los santos; y CANTABAN un nuevo cántico". *Cantaban* palabras de adoración.

En los versículos 5:11-12 se nos dice cómo adoraba la compañía principal de ángeles: "Y miré, y oí la voz de muchos ángeles alrededor del trono, y de los seres vivientes, y de los ancianos; y su número era millones de millones, que DECÍAN a gran voz: El Cordero que fue inmolado es digno". *Decían* su magnífico enunciado de adoración.

En el capítulo 5 versículo 13, el registro dice que toda persona y todo ángel, posiblemente tanto buenos como malvados, reconocerán (gozosamente o como seres derrotados) que Dios está sobre todas las cosas y lo harán con palabras inteligentes. "Y a todo lo creado que está en el cielo, y sobre la tierra, y debajo de la tierra, y en el mar, y a todas las cosas que en ellos hay, oí DECIR: al que está sentado en el trono, y al Cordero, sea la alabanza, la honra, la gloria y el poder". E inmediatamente después, en el siguiente versículo, se nos dice una vez más "los cuatro seres vivientes *DECÍAN*". Esta es la adoración a Dios, tanto en el Cielo como en la Tierra. Todos *dijeron* o *cantaron*.

En esta visión de adoración verdadera, tan solo vemos una forma de adoración y esa es: palabras. Debemos afirmar esto enérgicamente: *la adoración debe ser palabras.* La adoración no es palabras *y* música. La música tan solo acompaña, pero la parte eficaz o válida son las palabras, ya sean pensadas, o dichas, o cantadas. No hay otro vehículo de adoración aparte de las palabras. La adoración se asienta en la mente racional. Ciertamente la adoración es por fe y amor, pero tiene que ser en palabras; y este hecho es un estándar central del cristianismo bíblico histórico. Es por eso que la Reforma desechó la teatralidad católica romana.

Cuando decimos que la Biblia define la adoración como algo que puede ser expresado en palabras inteligentes, surge una pregunta acerca de orar "con gemidos indecibles", que menciona Pablo en *Romanos 8*. ¿Acaso no es esto una oración sin palabras? La respuesta es no, por la simple razón de que los gemidos no son nuestros sino del Espíritu Santo. Oramos con nuestras palabras, y el Espíritu Santo las purifica y las traduce al lenguaje del Cielo; y las lleva, de parte nuestra, al eterno trono. No sabemos por qué cosas debemos orar o cómo debemos orar, más el Espíritu Santo toma nuestros torpes esfuerzos, los perfecciona y hace hermosos; y los presenta ante el Padre.

Y es por eso que nunca debemos decir "Puedo orar solo con los sentimientos, aunque no lo pueda expresar con palabras". Puede suceder que un creyente tiene un sentimiento tan grande respecto a algo que sus sentimientos parecen dejar su mente atrás. Pero si se le preguntara: "¿Respecto a qué estabas orando hace un momento?", él sería capaz de contestar. No existe oración que no pueda ser puesta en palabras. Oramos, dice Pablo, con el entendimiento. Toda oración real pasa por la mente racional. Y esto, y tan solo esto, es verdadera adoración. Cualquier otra cosa diferente a esto es adoración mística, la cual es la esencia pura de la religión oculta y no del cristianismo bíblico histórico.

Es un hecho que si este capítulo hubiera sido escrito hace cien años, la mayoría de los lectores, creyentes de la Biblia, hubieran pensado que era demasiado obvio como para ser impreso. Todos ellos sabían esto. Era fundamental para ellos que *la adoración debe ser palabras.* Trágicamente, en tiempos recientes, este principio ha sido olvidado tan ampliamente que aún existen algunos pastores que no lo conocen. Se han perdido de vista grandes principios. Si los cristianos de hace algunas generaciones resucitaran hoy en día, estarían sorprendidos de la situación presente.

En mi libro, que ahora ya es antiguo, *The Healing Epidemic** (La Epidemia de Curaciones) hay un capítulo llamado *The Law of the Sound Mind*, que traducido significa "La ley de una mente sensata", cuyo tema es de creciente importancia para la adoración extática, la cual es la manipulación de los sentimientos a través de medios físicos. El título del capítulo vino de las palabras de Pablo a Timoteo: "Porque no nos ha dado Dios espíritu de cobardía, sino de poder, de amor y de dominio propio" ("dominio propio" se traduce como "mente sensata" en la versión inglesa KJV). El capítulo trata de la centralidad de una mente sensata. Fuertes sentimientos tendrían que ser ejercitados en nuestra adoración, pero siempre como resultado y apoyo de pensamientos inteligentes de nuestra mente. Debemos sentir cosas, pero porque las pensamos primero. Si realmente entendemos y somos honestos en nuestras palabras, entonces el Espíritu Santo (quien inspira toda adoración genuina) tocará nuestras mentes de manera que veremos estas cosas aún más claramente, y también tocará nuestros corazones de manera que *sentiremos* lo que vemos más fuertemente. El sistema emocional es un sistema de apoyo y respuesta. No es lo que nos impulsa en la adoración en primera instancia. Nunca debe instarse a "reaccionar" mediante técnicas musicales.

En las epístolas pastorales, el apóstol Pablo hace muchas exhortaciones acerca de tener una mente clara. Insta a un control racional en todo momento. Insiste en palabras y pensamientos sensatos. Dice que las facultades racionales deben estar presentes siempre. A través de estas exhortaciones condena la adoración puramente sentimental (y también los trances). Este asunto es tan importante que el apóstol va al extremo de hacer exhortaciones independientes a ministros, hombres mayores, mujeres mayores, hombres jóvenes, y mujeres jóvenes. Y repetidamente hace este llamamiento de mantener la mente activa. En *1 Corintios* nos dice que oremos y cantemos con el espíritu, pero siempre con el

---

* *The Healing Epidemic*, Peter Masters, Wakeman Trust, 1988, Londres.

entendimiento también. En la adoración pensamos y comprendemos.

Guiados por la propia definición e ilustración de adoración del Señor, no nos concentramos en emociones instrumentales y en el placer, sino en un contenido significativo de palabras en himnos, oraciones y predicación. Aquí estarán las cosas profundas de Dios, y una reverencia, poder y gloria distintivos.

¿Acaso es demasiado cerebral la adoración tradicional?

Un escritor bien conocido, al analizar la adoración moderna, acertadamente acusa a los promotores de dicha adoración de "bajar el nivel intelectual" de la adoración. Dichos promotores argumentan que la adoración tradicional es demasiado cerebral y sus defensores son hechos cautivos de cuestiones de "gusto". El teólogo John Frame dice que el problema con los defensores de la adoración tradicional es que son teológica y musicalmente elitistas. Pero alarmarse con la nueva adoración no es elitismo. John Frame dice que le deleitan los estribillos y otras canciones repetitivas y cortas simplemente porque hay muy pocas ideas en ellos. Para él esto es una virtud. Toma un verso de un himno de Wesley y al evaluar si es un medio eficiente de comunicación, lo declara inferior a un estribillo manifiestamente insulso. Su problema con Wesley y Watts y todos los demás escritores tradicionales de himnos es que dicen demasiado. Y nadie, aparentemente, puede entender todas sus ideas porque son demasiadas y muy sofisticadas. Millones de creyentes a través de los siglos (en la opinión de Frame) han sido dejados atrás a causa de una adoración muy compleja.

Frame intenta unas interpretaciones curiosas de las Escrituras para justificar su denigración de grandes himnos. Considera a Job, tomando en cuenta los magníficos discursos que preparaba para discutir con Dios cuando surgiera la oportunidad. Pero cuando Job escuchó la voz de Dios, puso su mano sobre su boca, y de una manera entrecortada emitió las palabras más simples. Según Frame esa es la manera adecuada y la diferencia entre la adoración tradicional y la moderna. La *tradicional* es como los magníficos discursos de Job y la *moderna* es evidentemente lo que Job debía haber hecho todo el tiempo. Todo ello prueba según Frame que lo mejor es la menor cantidad de palabras y los sentimientos más fuertes. Moisés e Isaías también son traídos a ser parte del argumento por John Frame, pues cayeron silenciosos ante el Señor y dijeron muy poco. Frame dice que este hecho apoya la falta de palabras llenas de significado en la adoración contemporánea cristiana. Tales argumentos parecerán irrelevantes y hasta absurdos para la mayoría de los lectores, pero aún no hemos visto ningún promotor de la nueva adoración que pueda ofrecer nada más consistente. Estos simplemente no pueden encontrar apoyo en las Escrituras para su reducción de palabras.

Los escritores como John Frame repetidamente dicen que debemos ser bíblicos en estas cuestiones pero nunca hacen referencia al himnario propio del Señor Dios, los *Salmos*, para decidir cómo deben ser los himnos. Es un claro hecho que las "matemáticas" de los *Salmos* están muy cercanamente representadas en la mayoría de los himnarios evangélicos tradicionales. El factor de complejidad es similar, la proporción de la adoración con respecto a la petición es sorprendentemente cercana, y el mismo rango de temas es acomodado. Esto es sorprendente ya que es improbable que todos los editores buscaran una correlación consciente. Sin duda esto indica el balance natural tipo salmo en la adoración tradicional reformada. (Véase tabla en las páginas 102-103). Sin embargo, los libros de canciones de la nueva escena de adoración no reflejan en ninguna manera el balance de los *Salmos*. Las canciones de nueva adoración casi claman en contra del balance y la estructura de los *Salmos*. Vale la pena notar, por ejemplo, que el estribillo moderno no tiene equivalente en los *Salmos*, como muestra nuestra tabla al final de este capítulo. Apreciamos los estribillos para niños, pero ¿tendrían que encontrarse en la adoración adulta cuando el Señor nunca inspiró ninguno? ¿Son demasiado complejos nuestros himnos tradicionales? Cuando Dios compiló un himnario para gente agricultora (de las cuales tal vez el 95%

eran analfabetas) no les dio un libro de estribillos, sino el libro de los *Salmos.* (Por supuesto, no estamos en contra de los estribillos que aparecen como frases repetidas al final de los versículos de los himnos, sino de sustituir los himnos por los estribillos).

En este momento hay un mundo de diferencia entre la adoración "tradicional" y la nueva adoración. Si traemos estribillos pequeños con líneas repetidas frecuentemente y sentimientos artificiales a la adoración adulta, dañamos severamente la exigencia del Señor de un entendimiento significativo de verdades gloriosas y profundas.

Desde los Salmos hasta la Reforma, y a través de los siglos subsecuentes, grandes himnos (al contrario de lo que los promotores de la nueva adoración proclaman) han sido claramente entendidos y apreciados por el pueblo del Señor. En efecto, los himnos han elevado a los cristianos no solo espiritual sino también intelectualmente. Primeramente la Biblia, y después los himnos devotos han enseñado las grandes verdades de la Palabra, liberando a generaciones de la ignorancia, y la ingenuidad; y articulando una adoración inteligente. Hoy en día, la nueva adoración está rebajando a los creyentes a un nivel intelectual y espiritual más bajo que nunca en la historia de la iglesia.

El punto a lo largo de este capítulo es que el único vehículo de adoración son los pensamientos y las palabras inteligibles. La adoración contemporánea o nueva desecha este hecho fundamental, minimizando el papel de la mente y enfatizando la estimulación artificial de sentimientos.

El Libro de los Salmos no es en Absoluto Como un Libro de Estribillos

Todos los salmos (excepto cinco) contienen suficiente sustancia como para ser convertidos en paráfrasis, o himnos de al menos cinco estrofas, de compás pequeño o común. La mayoría de lo salmos son *mucho* más largos que esto. Tan solo los siguientes (3%) tienen menos de cinco versículos y no pueden ser considerados como estribillos por las siguientes razones:

> *Salmo 117* (2 versículos). Es obviamente una doxología final, ya sea para cantar al final de otros salmos o de los cultos en el Templo.
>
> *Salmo 123* (4 versículos). Aún muy largo para ser estribillo, con demasiado material. El himno de Lyte *Unto Thee I lift up my eyes* (A ti alcé mis ojos) sigue este salmo en cuatro estrofas.
>
> *Salmo 131* (3 versículos). Un salmo muy personal para ser expresado con gran humildad. Designado para ser cantado anualmente por peregrinos de camino a Jerusalén, totalmente distinto al estribillo moderno.
>
> *Salmo 133* (3 versículos). Otra canción anual de peregrinaje, la cual tiene el carácter de dar gracias por los alimentos, o para cuando se reúnen en familia.
>
> *Salmo 134* (3 versículos). La última de las canciones de peregrinaje, la cual es una bendición antífona. En los versículos 1-2 la gente bendice a los sacerdotes y a los levitas y en el versículo 3 estos responden.

La Frase Repetida Del Salmo 136

Cada uno de los 26 versículos del *Salmo 136* incluye esta frase repetida: "Porque para siempre es su misericordia". Esto no es un estribillo porque cada vez que aparece acompaña a una línea que hace un punto nuevo y sustancial. Una frase repetida similar se encuentra en los cuatro primeros versículos del *Salmo 118*. En ningún otro lugar ocurre esto en el libro de los Salmos.

CAPÍTULO 6

¿Metales, Cuerdas e Instrumentos de Percusión?

Realidades acerca de los instrumentos bíblicos y su uso

¿QUÉ ENSEÑA LA BIBLIA acerca de cómo se deben usar los instrumentos en la adoración? Este es un asunto latente hoy en día. Los que estimulan el uso desinhibido de solos musicales, y bandas o grupos, señalan al Antiguo Testamento y dicen que Dios permitió todo tipo de instrumentos y grandes orquestas para aportar un gran elemento musical a la adoración. Si Dios es el mismo ayer, hoy y por los siglos, razonan ellos, debe querer un mismo tipo de adoración hoy en día.

Pero, ¿es cierto que Dios permitió adoración con todo tipo de instrumentos en la iglesia judía? ¿Es cierto, por ejemplo, que las panderetas (o panderos) tocadas por jóvenes bailarinas guiaban la adoración? ¿Es cierto que los judíos usualmente adoraban con instrumentos de percusión y metales que generaban música poderosamente rítmica? Un pequeño vistazo a los datos mostrará que esta idea está a miles de kilómetros de la verdad. La realidad es justamente lo contrario, pues en el Antiguo Testamento Dios puso restricciones muy firmes en el uso de instrumentos, obviamente para prevenir el abuso del disfrute de la música a nivel *humano,* dominando y eclipsando así la adoración *espiritual.* Ciertamente se permitió el uso de instrumentos, pero solo algunos y en momentos determinados. Así pues, el ejemplo del Antiguo Testamento enseña un gran principio de precaución que es desechado por los adoradores del nuevo estilo.

Nos damos cuenta de que la iglesia de Jesucristo no está bajo las reglas del Antiguo Testamento, y de que sus normas de adoración no nos atan hoy en día. Sin embargo, los *principios generales* restrictivos enseñados por Dios respecto al uso de instrumentos están vigentes hoy en día. Esta es la razón por la cual debemos poner en evidencia la descabellada y errónea afirmación de que Dios permitió una adoración instrumental desinhibida y rítmica.

Antes de pasar a los hechos, debe hacerse un punto general acerca de la adoración. Los promotores de la adoración de estilo nuevo dicen que podemos hacer casi cualquier cosa en adoración siempre y cuando se haga para la gloria de Dios. Si tocamos los tambores en casa, dicen que entonces también podemos usarlos para la gloria de Dios en la iglesia, como un acto de adoración. Cualquier instrumento musical (o estilo) que toquemos para la gloria de Dios en nuestra vida social o privada, lo podemos usar también para la gloria de Dios en adoración. Ese es el razonamiento ofrecido por los promotores de la nueva adoración. Sin embargo, esta política es errónea ya que pasa por alto uno de los hechos más fundamentales de la adoración enseñados en toda la Biblia: el que Dios separa la *adoración directa* de todas las demás cosas hechas por sus hijos. Todo lo que hacemos en esta vida debe ser hecho para su gloria, pero la *adoración directa* es una actividad excepcionalmente especial gobernada por reglas especiales y directrices. En los tiempos del rey David, los israelitas usaban una gran variedad de instrumentos musicales en su vida social, pero solo algunos eran permitidos en la adoración directa, ya que ésta era una actividad distintiva. A continuación veremos que el Antiguo

Testamento habla por lo menos de ocho tipos de instrumentos que la gente de aquel entonces usaba comúnmente, tanto en la vida privada como en la cívica, de los cuales solo cuatro eran permitidos en la casa de Dios. Es sumamente importante darse cuenta de esto. Primero veremos algunos de los instrumentos excluidos, la mayoría de los cuales eran hermosos y agradables en todos los sentidos, y aún así fueron prohibidos.

Tomemos por ejemplo, la flauta. Leemos de varios ejemplares en la familia de flautas como la flauta simple, o la que se toca de lado con tres o cuatro hoyos, o la flauta de Grecia con fuelles. Y sin embargo, ninguna flauta era permitida en la adoración en el Templo.[1] ¿Y por qué era esto? Porque el Señor estaba enseñando que eran necesarias algunas restricciones, para que la gente no se distrajera de una adoración sincera e inteligente a causa de demasiadas cosas bellas e interesantes.

Otros instrumentos usados por los judíos, pero excluidos del Templo, eran la pandereta y el "órgano", el cual contenía de siete a diez tubos de boca gigantesca (posiblemente con lengüetas).Todos estos podían ser usados para recreación y festivales cívicos a la intemperie, pero no en la casa del Señor. Por lo tanto, el argumento moderno de que todo podía ser usado es totalmente equivocado. Las reglas eran muy estrictas, y a pesar de que no estamos bajo esas reglas hoy en día, es erróneo justificar en el Antiguo Testamento lo que está pasando en la adoración hoy en día.

¿Y de dónde viene esta información acerca de las restricciones? ¿Acaso es pura especulación por parte de los eruditos bíblicos? No, pues está claramente expuesto en la Biblia. En muchos textos *(1 Crónicas 15:16, 28; 16:5, 6, 42; 25:1, 6)* leemos al respecto de los instrumentos señalados en el tiempo de David, por inspiración divina, para ser utilizados en adoración directa en el Tabernáculo y en el Templo. Más tarde veremos que estos instrumentos limitados

1 Véase nota al final del capítulo para más información sobre flautas.

fueron aún más restringidos para la adoración "local" y privada. Los instrumentos para el Templo eran el salterio, el arpa y los címbalos[2], los cuales debían ser tocados por los levitas. Tan solo los sacerdotes podían usar la trompeta (incluyendo la corneta) para propósitos especiales[3], pero no para el acompañamiento normal del canto. Y debemos repetir que estos eran tan solo la mitad de los instrumentos comúnmente usados en aquel tiempo.

En el tiempo del Rey Ezequías estas reglas fueron reafirmadas en *2 Crónicas 29:25-26:*

> **"Puso también levitas en la casa de Jehová con címbalos, salterios y arpas, conforme al mandamiento de David, de Gad vidente del rey... porque aquel mandamiento procedía de Jehová por medio de sus profetas. Y los levitas estaban con los instrumentos de David, y los sacerdotes con trompetas".**

¿Y de qué manera se usaban estos instrumentos? Los versículos siguientes nos lo dicen:

> **"Y cuando comenzó el holocausto, comenzó también el cántico de Jehová, con las trompetas y los instrumentos de David rey de Israel. Y toda la multitud adoraba, y los cantores cantaban, y los trompeteros sonaban las trompetas; todo esto duró hasta consumirse el holocausto. Y cuando acabaron de ofrecer, se inclinó el rey, y todos los que con él estaban, y adoraron".**

¿Se caracterizaba la música por un fuerte ritmo? La idea es pura especulación y contraria a las evidencias. Se nos dice que las trompetas llamaban a la gente a asambleas solemnes y que acompañaban los holocaustos. Esta era una actividad seria que producía temor y reverencia y hasta incluso vergüenza. El término hebreo de "solemnidad" aparece en la descripción de estos actos de adoración y se hace obvio así que las trompetas sonaban para mover a la gente a reverencia y seriedad y que los címbalos (para guardar los tiempos del canto) eran tocados sobriamente, con seriedad. La idea de música de lenguaje moderno es tontamente "leída entre líneas" a partir de estos pasajes de adoración.

2, 3 Véase notas 2 y 3 al final del capítulo.

Claro que la adoración tenía un elemento de gran gozo nacido de los grandes temas cantados, pero el considerar las orquestas del Tabernáculo y del Templo como grupos rítmicos es poco menos que absurdo. Notamos que no había absolutamente ningún tambor o pandero en esas orquestas (como los hay hoy en día en muchísimos estrados en las iglesias). También notamos que los instrumentos solo eran tocados cuando se quemaba la ofrenda, y después la música terminaba y todos continuaban adorando sin ellos.

En los tiempos de David, la orquesta en la casa del Señor parece haber sido compuesta por veintisiete personas, las cuales tocaban solo tres tipos de instrumentos *(1 Crónicas 25:1-6)*. Si este entendimiento es adecuado, entonces había una orquesta extremadamente modesta para dirigir un enorme número de adoradores en el canto[4]. A partir de esta provisión tan pequeña, está claro que la música no estaba diseñada para dominar (o prevenir) una adoración inteligente y sensible.

Siglos después, cuando la adoración en el Templo fue reinstaurada por Esdras y Nehemías, la regla de los cuatro instrumentos fue escrupulosamente seguida, confirmando así que era una regla vinculante para los judíos (véase primeramente *Esdras 3:10 y Nehemías 12:27*).

Todas estas instrucciones se aplicaron primeramente a la *segunda etapa* de la recuperación del arca[2], y posteriormente a toda la adoración en el Templo. Sin embargo, la misma instrumentación no fue prescrita para la adoración en la sinagoga local[5]. Esta era mucho más simple, al desaparecer los címbalos y las trompetas, haciendo así mucho más imposible leer entre líneas en la Biblia una idea de grandes percusiones. Los instrumentos de cuerda designados para la adoración eran dulces en vez de vociferantes. En el libro de los *Salmos* vemos que las arpas y los salterios eran los únicos instrumentos dados

2 Véase nota 2 al final del capítulo.
4 Véase nota 4 al final del capítulo acerca de la orquesta.
5 Véase nota final 5 para información sobre las inscripciones.

para el acompañamiento en la adoración privada o en la sinagoga. No había metales ni percusiones. Por definición, el título de "*Salmos*" es una colección de canciones cantadas con acompañamiento de arpa. El *Salmo* 92 provee un ejemplo de esta instrucción. El título o encabezamiento del salmo (en la Biblia de las Americas) dice que era "Un Salmo o cántico para el día de reposo". Debe ser cantado (versículo 3) con un instrumento de diez cuerdas (el decacordio), y el salterio, "en tono suave con el arpa". Los siguientes salmos también establecen claramente la regla de que los salmos debían ser cantados con arpas y salterios: *Salmos 33, 43, 57, 71, 92, 108,144 y 147.* En los *Salmos 4, 6, 54, 55, 61, 67 y 76* la inscripción (al principio del salmo) prescribe instrumentos de cuerda ("Neginot"). En el *Salmo 12,* el título probablemente prescribe una lira de ocho cuerdas (un tipo de arpa). Era con este tipo de instrumentos modestos y de dulce sonido que el cantar era apoyado en la adoración de uso doméstico y en la sinagoga.[6]

¿Se contradice la Biblia?

Las reglas del Antiguo Testamento son claras, pero a veces parecen ser contradichas en los *Salmos.* Los que defienden el nuevo estilo de adoración señalan pasajes tales como el *Salmo 68:25* donde David menciona "doncellas con panderos", e insisten que eso justifica el uso de panderetas. En muchos otros salmos parece que David contradice sus propias reglas (o más bien las que Dios le había dado). Es de estos versículos que muchos escritores del nuevo estilo de adoración toman su licencia para organizar conciertos de adoración.

Sin embargo, su uso de estos versículos es claramente erróneo, pues hace que la Biblia se contradiga a sí misma, y no puede haber contradicción en la Palabra de Dios. No es posible que Dios dé unos mandamientos definitivos en un lugar y que los contradiga totalmente en otro. Este hecho nos debería hacer examinar más cuidadosamente aquellos pasajes que *parecen* contradecir las reglas. Cuando hacemos

---

6 Véase nota final 6 para información sobre las inscripciones.

eso, vemos al instante que los instrumentos prohibidos no estaban siendo usados en la adoración directa a Dios, sino en festivales cívicos y al aire libre, llevados a cabo para conmemorar victorias de grandes batallas del pasado. Los promotores de la nueva adoración parecen estar felizmente ignorantes de este hecho.

No debemos olvidar nunca que los israelitas eran un estado nación además de una *iglesia*. Había muchas cosas que se les permitía hacer como estado, que no tenía lugar en su adoración directa y formal. Las procesiones especiales, los desfiles de victoria, y los días de acción de gracias eran actividades cívicas al aire libre organizadas por el pueblo de Dios en su capacidad de *estado*. Unas pequeñitas iban al frente de las procesiones bailando, y tocando sus panderetas. Pero, estas panderetas nunca fueron permitidas en el Tabernáculo o en el Templo. Un acto de adoración directa era bastante diferente a una celebración cívica anual.

Las panderetas del *Salmo 68* son obviamente parte de una actividad cívica. El Salmo, aunque con un carácter de predicción y mesiánico, está basado en una victoria militar notable. Se refiere a los carruajes de Dios, y cómo un conquistador guió a un gran número de cautivos después de la batalla. El poder de Dios es recordado no solo en el santuario sino también en las festividades al aire libre, durante las cuales "los cantores iban delante, los músicos detrás", y "en medio las doncellas con panderos". El Salmo incluye, con toda certeza, referencia a la adoración directa, pero también habla de "memorias" nacionales al aire libre, y por ende no hay contradicción de las reglas del Templo

En el *Salmo 81:2* el pandero aparece otra vez. "Entonad canción, y tañed el pandero, el arpa deliciosa y el salterio". Es un salmo de Asaf. ¿Estaba rompiendo las reglas e incluyendo un instrumento prohibido en la adoración? La respuesta es no, pues su salmo es una llamada a la gente a unirse en la adoración y en las celebraciones de la fiesta de los tabernáculos. Esta era la más alegre de todas las festividades. Conmemoraba la liberación de la gente de Egipto, su supervivencia en el desierto, y la "cosecha" de la tierra prometida.

Durante los siete días de la fiesta, todos los israelitas vivían en puestos o tiendas hechas de ramas de palmeras simbolizando las tiendas del viaje por el desierto. Esta fiesta, con sus ofrendas, era también el festival anual de cosecha de la nación. Era obviamente un tiempo donde se expresaba virtualmente cualquier instinto cultural al aire libre, y mucha música acompañaba las largas procesiones de los israelitas viajando a Jerusalén para la fiesta. Naturalmente, las "doncellas" tocaban sus panderos, y la danza nacional hebrea probablemente se hacía evidente durante las horas nocturnas en cada campamento.

Con estas escenas de festividad nacional en mente nos damos cuenta de que Asaf no cometió error alguno acerca de los instrumentos. No agregó la pandereta a la orquesta del Templo, ni tampoco la prescribió como instrumento de adoración directa.

El *Salmo 98:5, 6* menciona el arpa como acompañamiento en el canto de salmos y añade trompetas, las cuales debían ser tocadas por los sacerdotes en ocasiones especiales. Podemos estar seguros que el salmo incluye la conmemoración de grandes victorias, y por ende la adoración de días especiales está en mente. La fórmula es como de costumbre: panderetas y baile cultural permitidos para festividades nacionales; instrumentos dulces, tipo arpa, para la adoración normal, personal y local; y trompetas solemnes (tocadas por los sacerdotes) y címbalos (tocados solo por líderes de coros tales como Asaf) añadidos para la adoración en el Templo.

Los *Salmos 149 y 150* son citados constantemente por los promotores de la nueva adoración como justificación del uso desinhibido de instrumentos y de baile en la adoración directa. El *Salmo 149* incluye el versículo: "Alaben su nombre con danza; con pandero y arpa a él canten" (Versículo 3). La cuestión es: ¿se refiere el salmista a la adoración directa o a las festividades nacionales de los judíos, incluyendo los festivales por victorias, con todo su gozo al aire libre? A medida que leemos el salmo, la respuesta se hace obvia. El *Salmo 149* no trata exclusivamente acerca de la adoración directa ya que trata ampliamente todos los aspectos de la vida privada y nacional. Este alcance tan amplio del salmo se hace evidente desde el quinto versículo, el cual insta a la gente a cantar aun sobre sus camas. El sexto versículo les exhorta a adorar a Dios con una espada de dos filos en sus manos. ¿Acaso se suponía que literalmente llevaran camas y espadas al Templo y de alguna manera emplearlos en la adoración directa? Obviamente no. El alcance del Salmo incluye adoración privada por la noche, y también al defender la nación. El séptimo versículo del salmo llama a ejecutar venganza entre las naciones y el octavo a que sus reyes sean aprisionados con cadenas. Por ende, cubre todos los aspectos de la vida tanto cívicos como espirituales, los cuales incluyen festividades cívicas y desfiles de victoria. Por todo esto no debería sorprendernos encontrar que se habla de panderetas y baile. Las reglas para la adoración del Templo no son contradichas.

¿Y qué pasa con el *Salmo 150*? El salmista insta al pueblo de Dios a adorarle con panderos, danza, y flautas junto con los instrumentos permitidos en el Templo. (Ya hemos visto que el órgano era un instrumento de viento de entre siete a once tubos). El salmo comienza así: "Alabad a Dios en su santuario; Alabadle en la magnificencia de su firmamento". El "santuario" mencionado aquí es descrito como su "magnífica expansión" o su "magnífico cielo".[7] No es el Templo terrenal, sino el Templo del universo entero y aún la infinita extensión más allá del universo donde los ángeles vuelan al comando de Dios. En otras palabras, este es otro salmo que llama a glorificar a Dios en cada aspecto de la vida. Va más allá de actos directos de adoración. El versículo sexto del salmo nos recuerda que los instrumentos por sí mismos no pueden ser canales de adoración. Solo aquello que respira puede adorar. Solo seres vivientes pueden alabar a Dios. A la luz de esto, el salmo solo tiene sentido cuando lo entendemos como un salmo ricamente figurativo que usa los tonos característicos de varios instrumentos para describir las diferentes emociones de la adoración verdadera.

7 Véase nota 7 al final del capítulo.

El puritano David Dickson expresó esto en su reconocido comentario de los Salmos. Observó que:

> **"la pluralidad y variedad de estos instrumentos eran adecuadas para representar condiciones diversas del hombre espiritual... y para enseñar qué inspiración del amor y de las capacidades de nuestra alma debe haber para la adoración a Dios. Qué melodía debe hacer cada uno en sí mismo... para mostrar la excelencia de la alabanza a Dios, lo que ningún instrumento, o ninguna expresión corporal puede adecuadamente expresar con trompetas, salterio etc".**

El predicador escocés del siglo XIX Andrew Bonar escribió:

> **"En esta enumeración de instrumentos musicales del salmo, hay una referencia a la variedad que existe en la manera de expresar gozo entre los hombres, y en la manera de provocar sentimientos".**

El salmo, en otras palabras, hace una lista de los instrumentos no para que sean usados literalmente, sino más bien representando la variedad de temas o actitudes que constituyen una adoración sincera. A través de esta interpretación los instrumentos son figurativos y representativos. Esta es probablemente la interpretación más común de este salmo por los comentaristas de la tradición de la reforma. La *bocina* (versículo 3) representa la nota de victoria. Nuestra alabanza debería ser sonora, triunfal y exaltada. El *salterio* y el *arpa* dan tonos suaves de gratitud y amor. El *pandero* y la *danza* (versículo 4) hablan de la energía efervescente, esfuerzo y entusiasmo de los niños envueltos en su actividad favorita. Por lo tanto, la adoración demanda energía de mente y entusiasmo de alma por parte de los creyentes. Las *flautas* eran más bien instrumentos de placer y no de adoración. Y es así que se nos recuerda que la alabanza verdadera debe ser el más grande gozo de los creyentes y no tan solo un deber mecanizado. El versículo quinto añade *címbalos* resonantes, una probable alusión al volumen, fortaleza, y poder de alabanza adecuada; pero indudablemente también es una alusión a cómo la verdadera adoración inspira un temor reverente profundamente humilde.

Una Biblia de estudio popular, que fue publicada recientemente, remarca que este salmo llama a la adoración con tipo de instrumentos musicales. Pero el tomar esta posición tan literal del salmo produce una gran contradicción en la Biblia. Dios aparece haciendo reglas firmes y después llama a romperlas. El *Salmo 150* no puede, y de hecho no cancela las limitaciones en los instrumentos de adoración del Antiguo Testamento.

Alguien tal vez objete que el órgano de iglesia de hoy en día es en realidad un gran número de instrumentos todos juntos en uno. En cierto sentido sí lo es, pero es tocado por un solo instrumentista, lo cual es una muy obvia restricción a su versatilidad. Como sus voces están unidas en un sonido general, puede decirse (cuando es tocado modesta y sensatamente) que es un solo instrumento.

Los estándares de Dios permanecen en esta época en que tenemos el Evangelio, los cuales establecen que los instrumentos deben ser de un carácter modesto, limitados en número, y jamás deben permitir que abrumen la belleza de la adoración inteligente. La idea de que el Antiguo Testamento autoriza las tonterías musicales del tiempo presente, está basada en un entendimiento impresionantemente superficial y equivocado de los datos bíblicos.

La adoración no debería ser una oportunidad para la exaltación del ser humano. Un tema constantemente recurrente en las Escrituras es que Dios resiste al soberbio. La adoración no es para presumir habilidades artísticas humanas, ni para entretener a los que adoran. Nunca debe ser permitido que la música y la maestría instrumental interfieran con el carácter espiritual de la adoración.

La adoración tradicional promueve temor reverencial, espiritualidad y seriedad. El gozo fluye de la honestidad de los sentimientos y no es conseguido con ayudas externas. La adoración tradicional está basada en la adoración bíblica, la cual observa ciertas restricciones. El Señor le confía a su pueblo el uso de ayudas musicales para ayudar a su alabanza, pero esa confianza nunca debe ser abusada. Y sin embargo hoy en día, sostenemos que esta confianza está siendo abusada por los partidarios de la adoración de nuevo estilo.

Notas Finales

[1] El *Salmo 5*, de acuerdo con la inscripción hebrea, tenía que ser acompañado con flautas, tal vez solo una. Este salmo, muy lastimero, era cantado en peregrinaje y definitivamente no era cantado en el Tabernáculo o el Templo.

[2] La primera reunión de instrumentos de David para la primera y desastrosa recuperación del Arca incluía panderos o panderetas (*2 Samuel 6:5; 1 Crónicas 13:8*). Mientras que el arca permanecía en la casa de Obed-edom, David reformó radicalmente y revisó todos los arreglos para su transporte para ponerlos en línea con la ley. En este punto se le dio (junto con Gad, el vidente del rey) nuevas órdenes para instrumentos musicales (*2 Crónicas 29:25*). El pandero ya no estaba incluido, y nunca más aparece en ninguna lista de instrumentos para la adoración directa o adoración en el Templo. La segunda etapa de recuperación del arca (que representa que la regla seguía) fue lograda sin ellos.

[3] La historia del uso de la trompeta en adoración se remonta a *Números 10*, donde el Señor ordena dos trompetas de plata para llamar a la gente al Tabernáculo. Los sacerdotes tenían que tocarlas, y fue así con las generaciones sucesivas. Tenían que ser tocadas en festividades especiales y al principio del mes con los holocaustos para recordar a la gente la naturaleza de su liberación. Las trompetas nunca fueron instrumentos para acompañar la adoración "ordinaria". Generalmente, el número de trompetas usadas en ocasiones especiales era de dos (*1 Crónicas 16:6*). Excepcionalmente, 120 sacerdotes tocaron trompetas en la consagración del Templo de Salomón. Ésta fue la multitud más grande jamás reunida para adoración, y el más grande y más largo de los holocaustos.

[4] La orquesta reunida para acompañar el arca en la segunda etapa de su recuperación (la cual era una procesión al aire libre) tenía tres címbalos, once liras, y seis arpas. Una vez que el arca estaba dentro de la tienda, la orquesta fue reducida a ocho liras y arpas, un címbalo y dos trompetas. El tamaño de la orquesta cambió, pero nunca cambió el tipo de instrumentos. La restricción fue mantenida. En *1 Crónicas 25:1-7*, el número total de músicos era 288, de los cuales 260 estaban en el coro, y estos indudablemente trabajaban por turnos.

[5] "Sinagoga" es en realidad una palabra del Nuevo Testamento, pero la usamos aquí como un término útil para centros de adoración regionales y de distrito; en otras palabras, la asamblea local judía (como en el *Salmo 74:8*).

[6] En los *Salmos 8, 81 y 84* la inscripción hebrea (aunque no es clara) se refiere al arpa, o a una instrucción de medida musical. Los títulos de un número de salmos incluyen términos que no se refieren a instrumentos, sino al modo, tono, y medida del salmo; y algunos no son claros. La inscripción hebrea que se refiere a un "lirio" ocurre cuatro veces, y se alega ocasional y controvertidamente que esto se refiere a trompetas porque tienen forma de lirio. Sin embargo, esto es casi impensable ya que tres de los cuatro salmos en cuestión son oraciones sumisas o lamentación en lágrimas y ¡suplicando ayuda! Más probablemente el "lirio" se refería a un estilo de música gentil apropiado para un corazón profundamente afectado.

[7] Algunos expositores dicen que esto habla *tanto* del santuario terrenal *como* del amplio firmamento. En este caso, este salmo es otro que simplemente cubre el espectro completo de la vida, desde la adoración en el Templo hasta la vida cívica y social.

CAPÍTULO 7

Cultos de Adoración en la Biblia

¿HAY ALGÚN EJEMPLO del orden de un culto en la Biblia? Prácticamente sí, pues varios pasajes de las Escrituras proveen cuadros esclarecedores respecto a la adoración. Los capítulos 4 y 5 de *Apocalipsis*, ya mencionados, proveen una oportunidad crucial de comprender la organización, el tono, y lo que contiene la alabanza. La adoración, en este pasaje, comienza con la visión de los cuatro seres vivientes alrededor del trono diciendo: "Santo, Santo, Santo, es el Señor Dios todopoderoso, el que era, el que es y el que ha de venir". Es muy significativo que primero sea la alabanza objetiva. Dios es nombrado, y se le describe mediante varios de los atributos divinos: su santidad, soberanía, poder y eternidad. Los que adoran dan gloria y honra y acción de gracias al Soberano eterno, estando la atención inicial enteramente en Él, y siendo dejada para después la acción de gracias subjetiva.

La segunda contribución a la adoración que podemos ver en este pasaje es la de los veinticuatro ancianos (que representan la iglesia de todas las épocas) que se postran en humildad y adoran al Dios eterno. ¿De qué manera adoran? Echan sus coronas delante del trono, reconociendo a Dios como su gobernante soberano, y fuente de salvación diciendo: "Señor, digno eres de recibir la gloria y la honra y el poder; porque tú creaste todas las cosas, y por tu voluntad existen y fueron creadas" *(Apocalipsis 4:11).* Aquí otra vez la adoración es objetiva. Dios está en mente. Es adorado y exaltado. Se menciona su voluntad soberana ("por tu voluntad"), y solo Él es reconocido como merecedor de adoración. Las mentes de los que adoran están totalmente centradas en Él y en sus cualidades.

Nuestros cultos de adoración deben reflejar sin duda alguna este orden. Nosotros también deberíamos empezar la adoración con alabanza objetiva expresada con términos solemnes y dignos. Esta es la gran tradición espiritual de la adoración reformada, aunque hoy en día muchos han perdido contacto con estos principios básicos.

La siguiente aportación aparece en *Apocalipsis 5:9-10*, donde los seres vivientes y los veinticuatro ancianos se unen en un cántico que habla acerca del plan de Dios para todas las épocas (representado por el libro con siete sellos). Cantan sobre Cristo, su dignidad, y su muerte expiatoria por la gente de cada tribu y nación. En este punto aparece la acción de gracias subjetiva, al cantar respecto a Cristo quien "NOS" ha "redimido". Después hablan más específicamente de ellos mismos, siendo su canción de asombro, gratitud, y regocijo. Cantan cómo Cristo "nos ha hecho para nuestro Dios reyes y sacerdotes, y" que "reinaremos sobre la tierra". Cantan de su maravilloso estatus como hijos de Dios, del sacerdocio de todos los creyentes, y de la venida de su reino eterno con Cristo. En otras palabras, funden sus acciones de gracias con la enumeración de verdades sólidas.

La siguiente contribución es hecha por el vasto número de ángeles que dicen a gran voz: "El Cordero que fue inmolado es digno de tomar el poder, las riquezas, la sabiduría, la fortaleza, la honra, la gloria y la alabanza" *(Apocalipsis 5:12).* En esta magnífica demostración de alabanza objetiva, los atributos y la gloria infinita de Dios son adscritos al Señor Jesucristo. Al escuchar estas palabras, las cuatro criaturas vivientes y los veinticuatro ancianos se postran, y adoran. Su postración muestra su sumisión y dedicación a Él, siendo estas actitudes de nuestro corazón esenciales en la adoración.

A partir de todo esto vemos que la adoración es antes que nada *objetiva.* Es acerca de Dios y sobre sus maravillosas obras. En segundo lugar es sobre nosotros y lo que Él ha hecho por nosotros. La parte objetiva incluye referencia específica a Cristo como Salvador. Hay también una enumeración de grandes verdades, sumisión, y dedicación personal. La nota clave es indudablemente reverencia y humildad. El lenguaje es sublime y completamente bíblico. No existe ese tipo de familiaridad que rebaja a Dios a un nivel de relaciones humanas, como ocurre con el tipo de oración y canto que oímos tan a menudo hoy en día. Dios continúa todo el tiempo como el venerado Padre eterno y el eterno Rey-Salvador. Las palabras son profundas, pero el formato sin adornos. Los que adoran no traen una ofrenda material ni de habilidad sino que traen solo palabras ofrecidas desde sus corazones, pero estas palabras les son enseñadas por Dios.

No todos los elementos de adoración están representados en este pasaje de *Apocalipsis.* Por ejemplo, no hay arrepentimiento ni intercesión. (No deberíamos esperar lo anterior, puesto que la porción más grande de la gente redimida está en el Cielo, donde no pecan más). La adoración de este pasaje se limita al aspecto más alto de adoración, es decir, la adoración y apreciación del ser de Dios, y de su trabajo de redención, acompañada de humildad y dedicación. Sin embargo, la escena está casi completa como ejemplo de un culto de adoración.

Otro cuadro de adoración bíblica debe verse en *Hechos 4:24-30,* donde los apóstoles (algunos piensan que también otros creyentes) después de escuchar a Pedro y Juan acerca de su arresto y liberación, oran por ayuda y bendición.

> **"Y ellos, habiéndolo oído, alzaron unánimes la voz a Dios, y dijeron: Soberano Señor, tú eres el Dios que hiciste el cielo y la tierra, el mar y todo lo que en ellos hay; que por boca de David tu siervo dijiste: ¿Por qué se amotinan las gentes, Y los pueblos piensan cosas vanas? Se reunieron los reyes de la tierra, Y los príncipes se juntaron en uno Contra el Señor, y**

contra su Cristo. Porque verdaderamente se unieron en esta ciudad contra tu santo Hijo Jesús, a quien ungiste, Herodes y Poncio Pilato, con los gentiles y el pueblo de Israel, para hacer cuanto tu mano y tu consejo había antes determinado que sucediera. Y ahora, Señor, mira sus amenazas, y concede a tus siervos que con todo denuedo hablen tu palabra, mientras extiendes tu mano para que se hagan sanidades y señales y prodigios mediante el nombre de tu santo Hijo Jesús".

No todos los apóstoles hacen esta oración al unísono y en voz alta (al igual que Pedro y Juan no hablaron al unísono en el versículo 19). Uno ora, mientras el resto se une con el corazón. La oración comienza reconociendo al Señor como creador de todas las cosas, y a continuación procede a citar las Escrituras que predecían la situación en que se encontraban. Después, ellos afirman el plan eterno de Dios en el Evangelio, y que Cristo es el Salvador. Solo *entonces* piden que su ministerio sea bendecido y que las señales prometidas los acompañen.

Una vez más la adoración objetiva viene primero. Después de eso, se confiesa y reconoce que la Palabra de Dios es totalmente verdadera. A continuación Cristo es reconocido y confesado, y también la soberanía de Dios. Después de esto vienen las oraciones de petición, pero aún sin signos de peticiones personales, porque la bendición de Dios sobre el Evangelio es su principal preocupación y deseo. En nuestras oraciones, las necesidades personales deberían idealmente venir después, como vemos en la oración del Señor. (En el apéndice "Reglas prácticas de oración pública", las dos grandes oraciones del Señor Jesucristo son revisadas en contenido y en orden, junto con otros ejemplos bíblicos de oración).

Volviendo a la imagen de adoración en *Apocalipsis 4-5*, observamos ciertas características que son claramente normativas para las iglesias cristianas. La adoración es simple y sin adornos. No es una ocasión para la exhibición de habilidades musicales o talentos humanos. Los ancianos tenían arpas, pero son claramente simbólicas, pues son mencionadas en el mismo tono que las "copas de oro llenas de incienso". El *formato* de adoración obviamente debe ser simple para que el *contenido* de la adoración sea exaltado y glorioso.

Aplicándonos estas cosas hoy en día, se deduce que algo simple y sin adornos debería ser predecible. Algunos autores que escriben sobre la adoración se han quejado acerca de la oración entre el canto de himnos que se sigue en un culto tradicional. Dicen que es aburrida y predecible. Pero la simplicidad y previsibilidad es su verdadera fuerza. Es de gran valor que los que adoran no se sienten en los bancos de la iglesia preguntándose qué vendrá después: quizás la larga oración pastoral, quizás el ofertorio, quizás una lectura de la Biblia; o algún elemento especial inesperado, u otro himno. La adoración predecible permite a los que adoran poner en orden sus mentes y concentrarse en tomar parte en cada aspecto del culto con una participación espiritual total. Hay más que suficiente en la adoración de temas espirituales gloriosos sin necesidad de que nos tengamos que rebajar a adornos humanos triviales.

Por esta misma razón, deberían ser restringidos los comentarios constantes del que guía la adoración, aunque sean bien intencionados. A veces esos comentarios son ligeros e insustanciales, hechos tan solo por informalidad, pero sencillamente van en contra de la grandeza y gloria del tipo de adoración que se ve en *Apocalipsis 4-5*. Incluso comentarios bien motivados, como lo son las explicaciones introductorias de himnos, pueden interrumpir la atención de la congregación, especialmente si son más largos que una frase o dos. La humildad es el mejor camino para aquellos que guían la adoración. El lema de Juan el Bautista debe ser el de ellos: "Es necesario que Él crezca, pero que yo mengüe".

Los Componentes de la Adoración

Si establecemos en orden los elementos o partes que componen la adoración en los pasajes que acaban de ser considerados, y los combinamos con los elementos observados en los *Salmos*, y también en las oraciones del Nuevo Testamento, llegamos al listado que se presenta a continuación. Estos establecen los amplios temas de adoración que han sido defendidos por generaciones en iglesias bíblicas, no litúrgicas. La predicación es, por supuesto, una característica vital y prominente de la adoración, pero para este estudio estamos considerando solamente el resto de los elementos de la adoración. Listados posteriores mostrarán un orden de adoración típico tradicional no conformista, y los contenidos de la oración pública. Nuestros antepasados claramente pensaron muy profundamente respecto a estos asuntos.

Adoración objetiva

1. **Llamamiento a Dios** (Invocación). Reconocimiento de los títulos de Dios, manifestación de nuestro deseo de acercarnos y adorar, manifestación de humildad, y petición de ayuda en la adoración.

2. **Adoración.** Adoración, alabanza y bendición; enfocándose en los atributos de Dios, y en la persona del Señor Jesucristo y su trabajo de redención.

3. **Acción de gracias.** Por la salvación en general; por la salvación personal; por la Palabra de Dios; por protección espiritual y preservación; por bendiciones temporales.

4. **Afirmación.** Incluyendo confianza, la admiración de las grandiosas doctrinas de la fe, emparejada con una profesión de fe en estas cosas.

Adoración subjetiva

5. **Arrepentimiento.** Confesión sincera de pecados, tanto por comisión como por omisión, renunciando sinceramente a ellos.

6. **Deseo de santidad.** Deseo sin el cual el arrepentimiento es falso. Aquí hacemos promesas y compromisos para evitar el pecado, y buscar la ayuda de Dios para que nos dé conciencias vivas, y para conseguir un comportamiento de obediencia a Dios.

7. **Dedicación y renuncia.** El compromiso renovado y enfático de la vida de los creyentes a obedecer, y al servicio al Señor en la semana por venir, incluyendo el dar testimonio.

8. **Intercesión.** Por los que están perdidos, por el país, por el pueblo del Señor, por los enfermos y los que están tristes, por aquellos con grandes problemas, por los que sirven al Señor, y por los que son perseguidos.

9. **Ruego** (Es decir, peticiones). Oraciones en las que se pide por necesidades específicas de los peticionarios. Esta parte de la adoración incluye mencionar las promesas de Dios, con dependencia y acción de gracias. Al dar gracias a Dios por las mismas, reconfortamos nuestras

> almas, y nos alimentamos de ellas. Necesidades específicas incluirían liberación de pruebas, ayuda, fortaleza, iluminación para entender la Palabra, guía, amor por Dios, denuedo e instrumentalidad. En general, deberíamos presentar primero las necesidades espirituales y en segundo lugar las necesidades temporales.

Isaac Watts encapsuló la mayoría de estos elementos de adoración en una brillante estrofa compuesta para su trabajo clásico *A Guide to Prayer* (Una Guía para Orar) (1715):

Clama a Dios, adora, confiesa,
Petición, ruego y entonces declara
Que eres del Señor, da gracias y bendice,
Y deja que el Amén confirme la oración.

Todos estos aspectos de la adoración deberían estar representados tanto en el canto como en las oraciones guiadas, en un orden aproximado de esta lista (con excepción de que las tablas objetivas y subjetivas se traslapen un poco) y con un balance apropiado entre cada tema que la compone. Naturalmente, no todo componente puede ser explorado exhaustiva y completamente. Una primera oración, por ejemplo, puede escanear los atributos divinos muy brevemente, mientras que una oración posterior puede resaltar uno o dos de una manera más merecida. Para el canto, los mejores himnarios ofrecen una clasificación que cubre abundantemente la mayoría de estos temas, a veces colocándolos en el orden ideal.

Oración pública

En la oración pública, el arrepentimiento debe ser inevitablemente mucho más general que en la oración privada. La persona que guía la oración pública, debe utilizar palabras de arrepentimiento que todos puedan hacer suyas. Obviamente, esto sería difícil de conseguir si se mencionaran pecados específicos. Algunos pecados pueden ser señalados en general, particularmente los pecados *del corazón*, tales como el orgullo y el egocentrismo.

Un arrepentimiento general no debería implicar un arrepentimiento superficial, y el que guía la adoración debería estar muy atento a ello. Evidentemente, se requiere una gran sinceridad, pues es una aproximación al Dios Santo.

¿A qué se refiere específicamente la "afirmación" a la cual nos hemos referido en la lista de los temas de adoración objetiva? Se refiere a repetir ante Dios algunas de las sublimes doctrinas que reflejan su gloria y elevan nuestros corazones. Las nombramos y exploramos un poco, dirigiendo acción de gracias a Dios por las mismas, y declarando que las creemos y dependemos de ellas. Decimos a Dios lo que nos ha enseñado, y le decimos cuánto significan estas cosas para nosotros. Hacemos simplemente lo que se hizo en *Apocalipsis 4-5*, y en muchas otras maravillosas oraciones bíblicas de afirmación. Del mismo modo que cantamos himnos de este tipo, así también oramos. El *Salmo 91* es un ejemplo de una oración de afirmación. A primera vista puede parecer bastante subjetivo, pero en realidad el salmista da toda la gloria a Dios mientras habla a su propia alma. Afirma la grandeza y el poder de Dios, y también su fiabilidad y su poderío para liberar. Se reconforta así mismo nombrando un aspecto tras otro del carácter y los caminos de Dios.

El orden de un culto

Teniendo en cuenta los detalles, un culto debería comenzar con un "introito" de enunciados de las Escrituras, o una breve oración invocando a Dios, dándole gloria, exaltando su majestuosidad y soberanía, reconociendo dependencia en Cristo, el Calvario y el Espíritu Santo, y pidiendo perdón y bendición en la adoración. (Episcopales, metodistas y presbiterianos han preferido históricamente lo primero, mientras que Bautistas, Independientes, Los Hermanos y Pentecostales del antiguo estilo han preferido lo segundo).

El primer himno en un culto debería ser sobre Dios, una afirmación resonante y objetiva de sus atributos y gloria, combinando temor reverencial, gozo y fervor. En esto seguimos el patrón de la oración del Señor: "Vosotros, pues, oraréis así: Padre nuestro, que estás en los cielos, santificado sea tu nombre". Después de la oración y el canto de un himno, viene la primera lectura de la Palabra de Dios (idealmente debería haber dos lecturas de las Escrituras en un culto). Un orden simple pero muy común sería el siguiente:

Oración de apertura

Primer Himno
(objetivo)

Primera lectura de la Palabra
(un Salmo o una porción del Antiguo Testamento)

Segundo himno

Segunda lectura de la Palabra

Anuncios y ofrenda
(un aspecto controvertido)

Oración pastoral

Tercer Himno

Predicación de la Palabra
(quizás cerrando con oración)

Cuarto himno

Oración de cierre

¿Qué debe hacerse con los anuncios? Algunos piensan que una palabra de bienvenida debería ser dada con los anuncios *antes* de que el culto comience, pues sienten que los anuncios interrumpen la adoración. Otros sienten que impide una preparación para la adoración reverente y tranquila, debilitando el alto deber de la alabanza objetiva que sigue inmediatamente. Otros dan los anuncios al final, lo cual también tiene desventajas obvias pues interfiere con la respuesta del corazón a la predicación de la Palabra. Este escritor toma la postura de que los anuncios pueden razonablemente establecerse dentro del culto, siempre y cuando no contengan anuncios triviales y domésticos, o comentarios de un modo familiar y con falta de seriedad por parte de la persona que los da. Los anuncios pueden darse con una sonrisa amable, sin caer en informalidad y ligereza.

Algo más acerca de guiar en oración

La oración pastoral principal debería ser bastante predecible en su orden general, si bien el que guía la adoración debería pensar temas recientes y construcciones en ese orden. La mejor manera es seguir el orden de los aspectos de la adoración anotados antes, y hacer referencia a todos ellos. La importancia de una adoración completa, con temor reverencial y también con alegría y gratitud no puede ser demasiado enfatizada. Si hemos de lograr que creyentes acostumbrados a una adoración basada en la música, y conseguida emocionalmente se aparten de ello, entonces nuestra oración pública debe mantener la atención de las mentes y elevar el alma dirigiendo palabras inteligentes a Dios. La oración pastoral (la que es llamada "oración larga") en un culto principal de enseñanza de domingo será bastante sustancial, mientras que la oración pastoral en un culto de predicación evangelista será idealmente más corta y enfocada principalmente en temas de salvación.

Corriendo el riesgo de repetir la mayoría de los temas previamente enumerados como componentes de la adoración, aquí hay una lista de asuntos que deberían encontrar lugar en la oración pública, preferiblemente en este tipo de orden:

ADORACIÓN DE DIOS:
- la Trinidad
- el Señor Jesucristo

ACCIÓN DE GRACIAS POR:
- la salvación
- benignidad
- oraciones respondidas
- entendimiento
- salud y fortaleza
- familia e iglesia
- esperanza del Cielo...

AFIRMACIÓN
ARREPENTIMIENTO
ORACIÓN POR AYUDA EN SANTIFICACIÓN

DEDICACIÓN
INTERCESIÓN Y PETICIONES ESPECÍFICAS POR:
- el país
- toda la gente
- otras iglesias
- los perseguidos, y aquellos en lugares de guerra y hambre
- bendiciones en los cultos del día y el trabajo con los niños
- también sobre el testimonio de iglesias e individuos
- paz
BENDICIÓN SOBRE LA PALABRA DE DIOS

Finalizando las oraciones

La oración pública siempre debe ser ofrecida en el nombre de Jesucristo, en obediencia de su repetido mandamiento*. La oración, por tanto, debería concluir más o menos de la siguiente manera: "En el nombre del Señor Jesucristo, Amén"; o "En el nombre de Jesucristo nuestro Salvador"; o "En el nombre del Señor Jesucristo y por amor a su nombre (o por su gloria etc.)". Pastores a menudo enriquecen tales términos al incluir adjetivos reverentes. No es bíblico, digno, o adecuado omitir una adecuada referencia de Jesucristo, quien ha comprado nuestro acceso, y de quien dependemos. Es insuficiente y un menosprecio hacia el Salvador simplemente decir: "En el nombre de tu Hijo". Él tiene una identidad gloriosa, y debe ser honrado específicamente. No tiene sentido y es sin duda alguna un alejamiento de la regla de las Escrituras, decir: "En tu nombre", cuando la oración está dirigida al Padre (como debe ser).

Al hablar de los títulos del Señor, vale la pena notar que, frecuentemente, su nombre familiar "Jesús" es usado sólo durante la oración pública. Sin embargo, siempre debería ser referido reverentemente como el Señor Jesucristo, o al menos el Señor Jesús, o por su oficio de Salvador. (Puede que se dispute que la oración en *Hechos 4* solo usa

---

* Juan 14:13-14; 15:16; 16:23 y 26.
Véase también Efesios 5:20; Colosenses 3:17 y 1 Pedro 2:5.

el nombre de "Jesús", pero no es así, porque la divinidad del Señor se establece en estas palabras: "en el nombre de tu santo Hijo Jesús").

Guiando la oración pública

Se establecen veinte reglas para guiar la oración pública en el Apéndice "Reglas prácticas para la oración pública"; también se dan ejemplos de adoración encontrados en oraciones en la Biblia, incluyendo la oración del Señor, su gran oración en *Juan 17*, y otros ejemplos del Nuevo Testamento y de los *Salmos*.

Sugerencias para promover la reverencia

Presentamos aquí algunas observaciones prácticas sobre la reverencia; no obstante, se tratará la absoluta necesidad de la reverencia en el capítulo 13 de este libro. Un primer principio en la adoración es la reverencia, así como el regocijo; y esto debe ser salvaguardado tanto en el *marco* mismo del culto como en su contenido. Una congregación debería guardar silencio antes de que el culto comience, para que todos preparen sus corazones. Es muy triste que muchos pastores hoy en día animen una charla informal antes del culto para hacer que el lugar de adoración parezca más acogedor. Esto debería conseguirse mediante una amigable bienvenida al entrar. Una vez sentados en los bancos de la iglesia, la conversación entre los que adoran es dañina a la reverencia y al respeto por el Señor. No es verdad que una atmósfera de reverencia en la iglesia sugiera una morgue. Con el órgano sonando muy suavemente y gente orando o leyendo la Biblia o un himno, los que visitan son impresionados y ayudados por la prevalente reverencia. Puede ser que un pastor necesite pacientemente persuadir a su gente a evitar charlar, pero una vez conseguido, todos pronto se preguntarán cómo alguna vez adoraron sin un debido sentido de la ocasión, y sin esos minutos de tranquila reflexión y oración.

Algunas iglesias han tratado de "curar" la charla de antes del culto introduciendo un coro o un himno cantado, lo que, a este escritor, le parece un remedio desastroso, y aún más porque normalmente marca el comienzo de un estilo de adoración moderno.

En estos días de informalidad, y de pequeñas congregaciones, los ujieres han caído en gran desuso. Sin embargo, tienen gran valor, y leyendo *Santiago 2:1-3* parece que se empleaban en las reuniones del Nuevo Testamento. Esto merece una seria consideración hoy en día, especialmente en congregaciones grandes. Un sentido de orden y trascendencia es inmediatamente evidente en una iglesia con ujieres. La gente no anda buscando lugar para sentarse con alguien con quien puedan charlar. Ni se sientan donde pueden bloquear áreas para sentarse. En una iglesia ordenada, la adoración rápidamente toma el carácter de una ocasión especial, y está claro que el primer propósito de la reunión es la adoración, no la interacción con amigos.

Cuando acaba el culto, después de la oración de cierre o bendición, la gente debería continuar por un momento en oración sin ser molestada; quizás el órgano o el piano tocando suavemente una melodía de himno apropiado. El que guía la adoración no debería "despedir" a la congregación inmediatamente terminada la adoración, dando pie así a una interacción ruidosa entre la gente. Reverencia en la casa del Señor impresiona fuertemente a la gente que no es convertida, y ayuda a la sinceridad y seriedad de los creyentes.

CAPÍTULO 8

¿Qué Sucedió Realmente en Corinto?

¿Qué hay, pues, hermanos? Cuando os reunís, cada uno de vosotros tiene salmo, tiene doctrina, tiene lengua, tiene revelación, tiene interpretación. Hágase todo para edificación. (1 Corintios 14:26).

¿CÓMO INTERPRETAMOS la descripción de Pablo de un culto de adoración en *1 Corintios 14:26?* Este versículo y los siguientes son fundamentales para el debate sobre la adoración. ¿Debería la adoración ser reverente y ordenada, o debería estar caracterizada por informalidad, exhuberancia, espontaneidad e innovación? Este pasaje provee la respuesta. Los defensores del nuevo estilo de adoración dicen que Pablo provee aquí una imagen de adoración que es totalmente informal y desinhibida. Piensan que mucha gente contribuía y muchos dones eran ejercitados. A la luz de esto, los promotores del nuevo tipo de adoración están muy contentos de que muchas iglesias se estén apartando ahora del estilo formal, predecible, y ordenado que ha dominado el escenario de los que han amado la Biblia durante generaciones. Dicen que el sistema tradicional de adoración está encorsetado, restringiendo así al culto a un número limitado de componentes, mientras que el nuevo estilo no tiene trabas y está abierto al "flujo" del Espíritu, así como los cultos en Corinto.

Ciertamente, si uno mira superficialmente el versículo clave, parece hablar de una libertad notable y de múltiples contribuciones. "¿Qué hay, pues, hermanos?", dice Pablo, "Cuando os reunís, *cada uno* de vosotros tiene salmo, tiene doctrina, tiene lengua, tiene revelación, tiene interpretación". Sin embargo, antes de que mostremos que esta impresión de total libertad está muy lejos de la realidad, debemos señalar que las palabras de Pablo nunca pueden justificar el fantástico énfasis musical del nuevo estilo de adoración, porque la única música mencionada es "un salmo". Mientras que es casi seguro que esta palabra es un término general que incluye un himno, las primeras iglesias no tenían nada parecido a los conjuntos y orquestas de hoy en día. Pablo no menciona siquiera un solo instrumental. ¡Es increíble lo que algunas personas pueden ver en este versículo!

Descartado eso, hay un enorme error en la idea de que Pablo describe aquí una adoración informal y desinhibida. La cuestión clave es ¿a quién se está dirigiendo Pablo? Es necesario un examen sensato y cuidadoso del pasaje. ¿Está hablando a toda la iglesia, o solo a los líderes? Si está dirigiéndose a toda la iglesia, entonces podría estar dando una imagen de un culto libre para todos, y con un gran número elevado de gente participando. Pero si está hablando sólo a los *líderes* de la iglesia (aquellos que poseen dones de revelación y enseñanza), quienes tienen la responsabilidad de organizar la adoración, la situación en tal caso es bastante diferente. Entonces, ¿a quién se dirige Pablo? La respuesta radica en las palabras "cada uno de vosotros". ¿Quiénes eran estos participantes? ¿Era toda la congregación o solo los ancianos? La primera pista es el gran tamaño de la iglesia de Corinto. No hubiera sido posible para todos o incluso para mucha gente el contribuir en un culto de adoración. Debido a esto, el "cada uno de vosotros" de Pablo, se dirige más probablemente a los líderes.

Además, Pablo restringe severamente su "cada uno de vosotros" en el versículo 34, diciendo "vuestras mujeres callen en las congregaciones". Si "cada uno de vosotros" se refiriere a toda la iglesia, se ha convertido ahora en "la mitad de vosotros". Esto muestra que él no quería dar a entender que: o todo el mundo o cualquiera en la congregación debería participar en dirigir el culto. De nuevo, el "cada uno de vosotros" pronto resulta ser solo unos cuantos hombres, porque Pablo pone un estrecho límite en los profetas, diciendo: "Los profetas hablen dos o tres" (versículo 29). El número máximo permitido de profetas es tres, y preferiblemente dos. ¿Cuántos profetas había en Corinto? No se nos dice, pero en *Hechos 13* tenemos un retrato de la iglesia de Antioquia, posiblemente de tamaño similar, y encontramos que solo había cinco profetas y maestros en esa iglesia. Incluso este número se redujo cuando Dios habló a través del Espíritu Santo, diciéndoles que enviaran a dos en servicio misionario (Saulo y Bernabé), dejando solo tres profetas y maestros. Aprendamos de esto que no había muchos profetas y maestros, incluso en iglesias muy grandes. La imagen de una adoración libre para todos, abierta e informal, de una manera exuberante, lentamente se desmorona a la luz de estos versículos.

Después Pablo da la misma regla para los que hablan lenguas. "Si habla alguno en lengua extraña, sea esto por dos, o a lo más tres, y por turno; y uno interprete" (versículo 27). Si no había intérprete, y por tanto no había autentificación de la revelación dada, el que hablaba tenía que permanecer en silencio. El "cada uno de vosotros" de Pablo se ha modificado ahora tres veces. Pero debemos modificarlo aún más. El "cada uno de vosotros" de Pablo debe ser definido en el contexto de su insistencia en otra parte de las Escrituras en tener pastores cualificados y aprobados. Desde el principio de la iglesia, las personas a cargo eran nombradas porque poseían los dones requeridos, carácter, y preparación para el trabajo; y además tenían que ser aceptados por la gente. Había un ministerio de enseñanza *establecido*. No todo el mundo, ni tampoco cualquiera podía traer una palabra de instrucción en el culto solo porque quisieran.

¿Qué quiere decir entonces el apóstol cuando dice "cada uno de vosotros"? ¿Cómo puede ser todo el mundo, si lo hace imposible disminuyendo las contribuciones al mínimo? Solo hay una solución. En este punto de la carta a los Corintios, no se está dirigiendo a *toda* la iglesia, sino solo a los *líderes*. Cada uno de *ellos* podía tener la ocasión de participar. Estos eran hombres nombrados en obediencia a los estándares enseñados por Pablo (que en su momento serían consagrados en *1 Timoteo 3*)*.

No debería sorprendernos encontrar a Pablo dirigiéndose a los líderes, porque al final del capítulo doce habla de los apóstoles, profetas y maestros de la iglesia. Después, aborda por un momento el precioso y desafiante capítulo trece sobre el amor. Después, en el capítulo catorce, lógicamente continúa enfocándose en profetas, maestros, y los que hablan en lenguas. (Los últimos eran también profetas, que algunos han llamado "profetas júnior", porque trajeron un mensaje inspirado). En el versículo 26, por tanto, tenemos palabras que se dirigen a los líderes. En este contexto "cada uno de vosotros" tiene perfecto sentido. En conexión con profetas, hay una instrucción interesante en el capítulo 14, versículo 30: "si algo le fuere revelado a otro que estuviere sentado, calle el primero".

Parece que en Corinto había algún grado de desorden con los líderes. Maestros con dones estaban demasiado ansiosos por abrirse camino a toda costa con tal de contribuir. Para corregir esto, los líderes son

---

* Junto con muchos pasajes de las Escrituras que establecen los requisitos de los predicadores, hay una exhortación bien conocida a Timoteo: "Entre tanto que voy, ocúpate en la lectura, la exhortación y la enseñanza" (*1 Timoteo 4.13*). La palabra "lectura" (en griego) se refiere a la lectura *pública*. Esto muestra que los predicadores eran los que leían la Biblia en el curso de un culto. Este deber es puesto junto con la exhortación y la enseñanza de doctrina como parte del trabajo de predicación de un anciano de la iglesia. Leer la Biblia en el culto era definitivamente el papel de Timoteo.

guiados por muchas reglas definidas. Es así que la imagen del culto de la iglesia en *1 Corintios 14* apoya la adoración tradicional de los que creen en la Biblia, la cual es reverente, ordenada, estructurada y guiada adecuadamente por pastores responsables o ancianos. No apoya el nuevo estilo de adoración súper-informal e innovador.

¿Cómo debería ser un culto?

No siempre es apreciado todo lo que Pablo tiene que decir acerca del estilo correcto de adoración en *1 Corintios 14.* En este capítulo aparecen cuatro palabras muy poderosas que establecen el deseo del Señor de una adoración armoniosa, y cómo los líderes del culto deberían organizar el culto. Estas palabras presentan tanto un reto como una reprensión a la situación de adoración presente.

No de confusión

La primera palabra está en *1 Corintios 14:33* "pues Dios no es Dios de confusión, sino de paz. Como en todas las iglesias de los santos". *Puede* parecer que Pablo simplemente está corrigiendo el clamor y la conmoción, pero eso no es enteramente lo que tiene en mente. La palabra griega traducida por "confusión" describe inestabilidad y desorden, gente que actúa por su cuenta y no de acuerdo con las reglas o el orden esperado. Denota un individualismo descoordinado (incluso anarquía). El sustantivo griego es la forma negativa del verbo "colocar o asentar" o designar. Pablo dice que Dios *no* es el autor de expresión libre y desinhibida. *No* es el autor de aquello que no está *puesto en su lugar* u organizado o establecido. Él desea un enfoque ordenado, reflexivo y guiado.

Entre otras cosas, este versículo desaprueba que los que guían el culto lo hagan de una manera improvisada. También desaprueba un culto formado a base de contribuciones impremeditadas (tales como las profecías espontáneas de hoy en día, lenguas y palabras de sabiduría). Hay desde luego, una excepción notable a esto. La reunión "doméstica" de oración de una iglesia requiere de muchas contribuciones de oración que no han sido previamente organizadas, excepto por el anuncio de los temas de oración. Se esperaría que los himnos, la lectura de la Palabra y la exhortación hubieran sido previamente organizados por la persona que preside la reunión; pero en cualquier caso, la reunión de oración de la iglesia local tiene una garantía especial por sí misma en el Nuevo Testamento.†

Sino de paz

La segunda palabra clave de adoración en *1 Corintios 14* es "paz". Pablo dice: "pues Dios no es Dios de confusión, sino de paz". La palabra griega no se refiere a la paz del campo, o al silencio, sino a una paz que es opuesta a la guerra o separación. Es la palabra para reconciliación y armonía, y deriva del verbo "unir". Las partes que componen el culto no deben ser discordantes, sino que deben "acoplarse" unas con otras para que sea un culto *armonioso*, no una colección de fragmentos desconectados. Esto no necesariamente significa que organicemos lo que a menudo se llama un culto *temático* de adoración, en el que cada himno, lectura y oración contienen el tema que va a ser presentado a continuación en el sermón. Significa que todos los componentes bíblicos de adoración contribuyen a un todo comprensible. ¿El culto combina por ejemplo, alabanza objetiva, confesión, acción de gracias subjetiva y afirmación de grandes doctrinas? ¿Hay instrucción y enseñanza? Y ¿existe una aplicación pastoral con devoción, donde se examinen y reten corazones? ¿Hay lugar para la intercesión? ¿Están todos estos elementos representados en un culto que está unido en cada una de sus partes? ¿Hay una entidad armoniosa? Esto, dice Pablo, es lo que el Señor requiere, y no ocurre cuando un culto está compuesto principalmente por música. Descubrimos que, invariablemente, tales cultos se han saltado la lectura de la Biblia, y no tienen más que una oración breve y superficial. Los líderes de la adoración

---

† Véase *The Power of Prayer Meetings* (El Poder de la Reunión de Oración), Peter Masters, un folleto de la revista en inglés *Sword and Trowel.*

han intentado crear cierta forma de armonía musical, pero todo a expensas de que exista una armonía con todos los temas necesarios para la adoración.

Hágase todo decentemente

La tercera palabra significativa de adoración en *1 Corintios 14* aparece en el versículo 40: "pero hágase todo *decentemente*". La palabra griega significa literalmente "bien formado". La NVI lo traduce como "de una manera apropiada". En otras palabras, un culto debe estar bien conformado y debe ser apropiado para su propósito. Esto confirma y consolida el punto anterior. Un culto debe estar bien formado, en el sentido de estar equilibrado y bien proporcionado. Imaginemos a un alfarero trabajando con un pedazo de barro, moldeándolo con sus manos mientras la mesa gira. Tiene una idea clara de cómo conseguir un producto bien formado de alfarería. No hace la parte de arriba ni la base demasiado grande. Todo está adecuadamente equilibrado. Todo es hecho "decentemente" o bien formado. Un culto de adoración no solo debería contener todos los componentes correctos, sino que también estos deben estar unidos en la proporción adecuada. El culto no es un entretenimiento, sino un balance de temas espirituales inteligentes. Esta tercera palabra de Pablo también significa que el culto debe ser *apropiado* para cosas sagradas, y no más adaptado a cosas del mundo y profanas; el culto debe ser de carácter reverente. Tampoco es apropiado utilizar los ritmos de una discoteca o de un salón de baile en la adoración a Dios. No es apropiado para el que dirige la adoración comportarse como un maestro de ceremonias. Todas estas cosas no son adecuadas.

Con orden

La cuarta palabra importante de adoración está también en el versículo 40. Pablo dice: "pero hágase todo decentemente y *con orden*". Este es un término de suma importancia, confirmando todo lo que Pablo ha dicho, y hablando de nuevo de la necesidad de un arreglo metódico u orden en un culto. Cuando el término griego es aplicado al ejército, se refiere a los arreglos fijos de hombres en rangos, formaciones y configuraciones de batalla, de acuerdo con los planes de los generales. En *Lucas 1:8* la palabra se usa para describir cómo Zacarías llevaba a cabo diligentemente sus obligaciones en el Templo de acuerdo con la secuencia prescrita.

Orden en la adoración significa que los cultos son organizados de acuerdo con las reglas y patrón de la Biblia. Obviamente la palabra no debe ser forzada hasta el punto de lo absurdo, pues los apóstoles no leían sermones manuscritos, o escribían liturgias. Sin embargo la palabra *orden* nos dice que una congregación acepta y se somete gozosamente a un estilo de adoración dado por Dios, donde la innovación, los artificios, la exaltación del ser humano, y el entretenimiento se dejan fuera. La reverencia existe junto con todos los componentes de adoración que nuestro General celestial requiere. "Orden" supone obediencia a Dios. También supone previsibilidad, un componente esencial del orden.

Estos cuatro términos prueban que un culto de adoración debe ser bien planeado; debe contener todos los elementos vitales de la adoración; debe estar bien proporcionado; y en conformidad con los estándares de Dios. La informalidad, espontaneidad y exuberancia alegada por los defensores de la nueva adoración no se encuentran en absoluto en *1 Corintios 14,* pues todo es reverencia, seriedad y obediencia a Dios. El verdadero poder y la gloria se encuentran en la gozosa alabanza de creyentes que adoran al Señor de la manera que Él ha elegido.

En el templo había reverencia y solemnidad la cual fue indicada por Dios en la antigüedad. Cuando el velo se rasgó cuando Cristo murió no la abrió para la informalidad e irreverencia, sino para darnos acceso al trono de Dios. Con mucho más razón debemos sentirnos inmerecidamente dignos de acercarnos a él con más reverencia →

y corazón contrito y humillado, mirando a nuestro corazón y nuestro intuición al poder acercarnos a Él de manera directa

CAPÍTULO 9

¿Por qué Levantar las Manos?

SI EL SEÑOR QUIERE que la adoración sea ofrecida en espíritu y en verdad, ¿por qué tantos cristianos encuentran necesario emplear las manos y los brazos y movimientos corporales para conseguir un estado anímico de adoración? ¿Por qué tienen este impulso de incluir una dimensión física a toda costa? ¿Están estimulando emociones y sentimientos a través de medios humanos, y no mediante una adoración espiritual e inteligente? En este breve capítulo veremos la afirmación que se hace de que levantar las manos es aprobado en la Biblia y, por tanto, debería tener su lugar en la adoración hoy en día. Es cierto que hay varias referencias en los *Salmos*, y una referencia en el Nuevo Testamento, pero estas no tienen nada que ver con adoración colectiva, como mostraremos, y están sacadas de contexto por los líderes carismáticos. No es posible que el Señor requiera el levantar las manos en su iglesia, en contradicción con su regla de "en espíritu y en verdad".

¿Por qué David levantó sus manos como se narra en los *Salmos*? ¿Qué significaba su acción? En el *Salmo 28:2* se lee: "Oye la voz de mis ruegos cuando clamo a ti, cuando alzo mis manos hacia tu santo templo". David estaba lejos de Jerusalén probablemente huyendo de Absalón. Como estaba ausente, en sus devociones personales alzó sus manos hacia el lugar de sacrificio en Jerusalén. Hizo esto para identificarse con la ofrenda del sacrificio del sacerdote. Él no podía estar presente, pero indicaba su solidaridad con la ofrenda. Es importante recordar que no habría hecho esto si hubiera estado presente en Jersualén, pues solo los sacerdotes ofrecían los sacrificios, por lo que era tan solo un acto de identificación por parte de un individuo que estaba ausente. No se hacía ordinariamente en la adoración.

En el *Salmo 63:4* David dice: "En tu nombre alzaré mis manos". En esta ocasión estaba en el desierto de Judá y otra vez aislado del lugar del sacrificio. Anhelaba estar en el santuario, y así lo dice (versículo 2). En el momento del sacrificio, alza una vez más sus manos para identificarse con la ofrenda nocturna.

En el *Salmo 141:2* David es muy claro en el asunto. Lejos del Tabernáculo una vez más, pide que su oración suba como el incienso "... el don de mis manos como la ofrenda de la tarde".

Cuando estuvo lejos del Tabernáculo, David realizó esta acción para expresar su unidad con el sacrificio de la tarde. Su acción no era una actividad normal de la congregación, sino un gesto personal con un significado limitado y específico. La cuestión es ¿deberíamos nosotros hacer lo mismo? Por supuesto que no, porque los sacrificios ahora han terminado. Jesucristo ha cumplido todas las leyes y símbolos expiatorios y el sacrificio de la tarde no se ofrece más. Esta es la razón por la que en el Nuevo Testamento no encontramos ninguna instrucción para literalmente levantar nuestras manos en adoración. Hacer esto (del modo que David lo hizo) reestablecería la función de los sacrificios y quitaría valor al gran sacrificio ofrecido de una vez y para siempre, la muerte expiatoria de Cristo.

Hoy en día, da la casualidad de que nadie levanta las manos como lo hizo David, para identificarse con algo, sino con un propósito totalmente diferente; concretamente para conseguir cierto sentimiento de contacto con Dios. Es una ayuda física para estimular los sentimientos, y este no era el propósito de David.

Otros tres salmos mencionan acciones con las manos, pero estos se refieren a otros asuntos. El *Salmo 119:48* habla de levantar las manos en una obediencia diaria a Dios exactamente como un trabajador cogería sus herramientas. El *Salmo 134:2* se refiere literalmente a los sacerdotes ofreciendo sacrificios. El *Salmo 143:6* ve a David figurativamente (no literalmente) extendiendo sus manos hacia Dios, como un niño que necesita alargar su mano hacia su madre.

Cuando Pablo (*1 Timoteo 2:8*) manda a los cristianos a orar "levantando manos santas", indudablemente está hablando figurativamente. Ofrecer manos limpias a Dios en un sentido literal, como niños pequeños mostrando a los padres que se han lavado las manos antes de la comida, sería una cosa absurda. Las manos representan nuestras acciones, y Pablo quiere decir que deberíamos esforzarnos en buscar santidad antes de orar. La figura más similar proviene del *Salmo 24:3-4*: "¿Quién subirá al monte de Jehová? ¿Y quién estará en su lugar santo? El limpio de manos y puro de corazón".

El levantar las manos es solo otro ejemplo de una actividad carismática basada en el pobre, si no es que ridículo, mal uso de los textos de la Biblia. Tal como se lleva a cabo hoy en día, el levantar las manos es un instrumento humano no bíblico, destinado a ayudar a la gente a entrar en un suave estado místico de emociones estimuladas, similar a un trance. Se realiza desafiando el principio de "en espíritu y en verdad", por lo que en vez de ayudar a la adoración, desvía la mente a un camino de emocionalismo e indulgencia con uno mismo. Muchos creyentes sinceros han sido llevados a la conclusión errónea de que esta práctica es útil para tener un sentido de comunión, pero en realidad esto es un obstáculo, porque fomenta emociones a nivel humano en lugar de a nivel espiritual.

CAPÍTULO 10

Cuando los Himnos Nacieron

¿POR QUÉ CANTAMOS HIMNOS? ¿Quién inventó los himnos? Mucho antes de los tiempos de los excepcionales escritores de himnos de los siglos XVII y XVIII, ya había himnos del período de la Reforma. Sin embargo estos tampoco fueron los primeros. Tampoco fueron el origen de los himnos los precedentes himnos en latín, ni incluso los antiguos himnos sajones. Para encontrar los primeros himnos cristianos, retrocederemos justo a las páginas del Nuevo Testamento, donde el "cántico nuevo" es revelado.

En uno de los capítulos anteriores buscamos guía al respecto de la adoración en *Apocalipsis* capítulos 4 y 5. Nada de ese material se repetirá aquí, excepto para recordar a los lectores que estos capítulos proveen una visión de la iglesia universal adorando a Dios. Alrededor del trono de Dios están los veinticuatro ancianos (representando la iglesia tanto del Antiguo como del Nuevo Testamento, e incluyendo creyentes del pasado, creyentes ahora en el Cielo, y creyentes aquí en la tierra). Al leer las palabras del "cántico nuevo" cantado en estos capítulos, inmediatamente nos llama la atención que no son las palabras de los *Salmos*. Por ejemplo, vemos cómo los seres vivientes y los veinticuatro ancianos se postran delante del Cordero y:

> **"Cantaban un nuevo cántico, diciendo: Digno eres de tomar el libro y de abrir sus sellos; porque tú fuiste inmolado, y con tu sangre nos has redimido para Dios, de todo linaje y lengua y pueblo y nación".**

Este himno de alabanza no se encuentra en los *Salmos*, y es llamado el *cántico nuevo*.

¿Acerca de qué cantan los ancianos en este nuevo cántico? Cantan muy explícitamente acerca de Cristo y de cómo abrirá los sellos del libro y cumplirá los poderosos propósitos de Dios. Cantan muy específicamente al respecto del Calvario; y nos damos cuenta que cantan sobre esto en tiempo pasado. Cantan en lenguaje del Nuevo Testamento sobre redención por sangre. También cantan acerca de la salvación de los gentiles y otra vez cantan en tiempo pasado, de un evento conseguido. Mencionan la conversión de los gentiles de toda tierra y nación. Continúan haciendo una mención específica del sacerdocio de todos los creyentes, y otra vez cantan con relación a esto como una cosa conseguida. Dicen que Cristo "nos ha hecho para nuestro Dios reyes y sacerdotes, y reinaremos sobre la tierra". Cantan sobre un reino futuro de Cristo. Y en *Apocalipsis 5:12*, los encontramos otra vez proclamando al Cordero como aquel que fue inmolado. Él ha ascendido otra vez, y está en el trono. Encarnación, crucifixión, resurrección y ascensión son hechos pasados, ahora recordados, y convertidos en los elementos centrales y más fuertes de su adoración. El Cordero es nombrado repetidamente. La nueva canción es sobre cosas que han pasado, y Cristo Jesús es el punto central de su gozo.

La adoración de la visión, es decir el nuevo cántico, está enfocada en gran parte en cosas ahora cumplidas, a través del trabajo de Cristo. El querubín de justicia y las poderosas huestes angelicales se unen a los creyentes tanto del Antiguo como del Nuevo Testamento para cantar este nuevo cántico. Aquí está lo que ha sido llamado la teología de la realización. El nuevo himno nace bajo una gran inundación de luz del Nuevo Testamento. Lo mínimo que debemos preguntarnos es: si es correcto cantar tales nuevos cánticos en el Cielo, ¿cómo puede ser erróneo cantarlos en la tierra? Pero en cualquier caso, una exégesis correcta describe esta visión como la adoración de los redimidos en la tierra y en el Cielo a lo largo de la era del Evangelio. Por esta razón sostenemos que el principio regulativo (que enseña que toda adoración debe tener justificación expresa en las Escrituras) requiere que cantemos himnos basados en los eventos del Nuevo Testamento, además de los salmos. Somos la iglesia de Jesucristo, y Él debe ser ensalzado por nombre en nuestros cáncticos.

Este escritor tiene un gran respeto por compañeros del ministerio y otros amigos que sostienen que solo los salmos del Antiguo Testamento deben ser cantados en la iglesia. Algunos de nuestros autores teológicos más excelentes, pasados y presentes, incluyendo algunos gigantes de la fe y académicos, abogan por salmos solamente. Sin embargo, creo que están enormemente equivocados al decir que no hay justificación en las Escrituras para cantar himnos. Al contrario, el Nuevo Testamento requiere que honremos a Cristo nombrándolo en todas las cosas.

Ciertamente, deberíamos cantar salmos del Antiguo Testamento, pero cuando hacemos esto, a menudo es necesario adaptarlos al lenguaje del Nuevo Testamento. Cuando C. H. Spurgeon publicó un himnario lo tituló: *Spirit of the Psalms* (El Espíritu de los Salmos), porque la mayoría de los salmos eran adaptados para expresar la luz del Nuevo Testamento. Las palabras de Isaac Watts (en su introducción a su himnario de 1718) provee una famosa declaración de cómo los salmos deben ser cantados. El escribió:

> **“Mi propósito es adecuar el Libro de los Salmos a la adoración cristiana. Para hacer esto, es necesario despojar a David, Asaf, etc. de cualquier otro carácter excepto el de salmista y santo, y hacer que siempre hablen el lenguaje de un cristiano. Cuando el salmista usa afiladas invectivas contra sus enemigos, me he esforzado en dirigir sus esfuerzos contra nuestros adversarios espirituales: el pecado, Satanás y las tentaciones. Cuando el original está en la forma de profecía concerniente a Cristo y su salvación,**

no es necesario que cantemos en un estilo de predicción cuando las cosas predichas son traídas a la luz por una consecución total.

Cuando el salmista habla del perdón del pecado, he añadido los méritos de un Salvador. Cuando habla de sacrificar cabras o bueyes, elegí mejor mencionar el sacrificio de Cristo. Cuando promete abundancia de riqueza, honor y larga vida, he cambiado algunas de estas bendiciones típicas por gracia, gloria y vida eterna. Y estoy totalmente convencido de que se hace más honor a nuestro bendito Salvador divulgando su nombre, su gracia y sus acciones en su propio lenguaje, y de acuerdo con las revelaciones con mucha más luz que Él ha hecho ahora, que volviendo atrás otra vez al lenguaje de tipos y figuras".

No tenemos necesidad de cantar, dice Watts, en el lenguaje de predicción cuando las cosas predichas han sido traídas a la luz del día mediante su consecución. No deberíamos limitar nuestra adoración al lenguaje de los tipos y sombras del Antiguo Testamento, nunca atreviéndonos a mencionar la verdad gloriosa de la que hablaban. Cristo ha revelado nuevas cosas sobre las que debemos cantar. Desde luego, muchos salmos contienen teología y sentimientos que trascienden ambos Testamentos, y existen excelentes versiones métricas de éstos que deben ser cantadas.

Los himnos tradicionales están basados en el "cántico nuevo" del libro que cierra la Biblia, donde se simboliza la iglesia de todas las épocas, la cual establece en el Cielo el patrón para aquellos que adoran al Cordero hasta su vuelta, y entonces para siempre.

CAPÍTULO 11

Siete Estándares para Himnos Dignos

¿QUÉ TANTO TIENEN de especial nuestros himnos actuales con un formato tradicional? ¿Deberían ser defendidos y aún ser usados o deberían ser reemplazados por alternativas con un formato más moderno? Si los himnos con formato tradicional han de ser mantenidos, se deben dar razones fuertes y convincentes.

En este capítulo se mencionará algunos de los altos estándares que generalmente honran los himnos tradicionales. Nuevas composiciones son siempre bienvenidas, pero sin lugar a duda deben estar a la altura de los estándares del pasado. (Los estribillos y canciones del nuevo estilo de adoración no lo están). ¿Cómo podemos determinar o definir lo que es un buen himno? Aquí se presentan siete cualidades que este escritor cree que son los estándares mínimos necesarios, que todos los himnos tradicionales tan apreciados cumplen.

1 El primer estándar para un himno digno es que debería reflejar el ejemplo y método de los *Salmos*, el himnario del Antiguo

Testamento inspirado por Dios. Los *Salmos* deberían moldear, en diferentes maneras, los himnos que los seres humanos componen. Los Himnos, por ejemplo, deberían imitar los temas representados en los *Salmos* y el balance de los componentes de adoración (véase las tablas al final del capítulo).

Quizás el mayor punto de alejamiento de la adoración de nuevo estilo con respecto a los himnos tradicionales es el abandono de los principios de los *Salmos*. La nueva adoración emplea ciertamente salmos seleccionados, pero en sus nuevos himnos se ignora su nivel "intelectual", su dignidad, su reverencia, su carácter substancial, su estilo de adoración, y su equilibrio de doctrinas.

2 El segundo estándar para un himno digno es que edifique al que adora. Le aportará algo. Quizás expandirá y aplicará la Palabra a su corazón. Le dará la oportunidad de una respuesta sincera a Dios por lo que ha entendido. Al igual que un salmo, será profundo, aunque adecuado para el entendimiento de todo el mundo. Tendrá un alcance amplio y ensanchará el alma, sin que sea nunca muy complejo para la mente común. Este es el estándar de los *Salmos*, nunca demasiado alto ni demasiado bajo (a diferencia de los estribillos modernos cuyo estándar siempre es demasiado bajo).

Un himno digno tendrá la capacidad de iluminar la verdad de las Escrituras, y a menudo satisfará algún aspecto determinado de experiencia espiritual. Esto es lo que buscamos en un himno: algo bueno, sólido, digno, que alivie el alma y al mismo tiempo razonablemente sencillo. Los himnos de Watts y Wesley educaron en grandes doctrinas cristianas a innumerables personas, desde granjeros hasta nobles. A diferencia de los estribillos modernos, estos tratan verdades sólidas y ayudaron a desarrollar creyentes maduros y profundos. La pregunta propuesta por Pablo "¿Es edificante?", aplica a los himnos. ¿Qué es lo que ha logrado exactamente? ¿Ha ampliado mi entendimiento, o mi piedad? ¿Me ha edificado, no solo a un nivel emocional, sino a un nivel verdaderamente espiritual?

3 El tercer estándar para un himno adecuado es que sea reverente. Se dirigirá al Dios *poderoso*. No será meramente sentimental. No tratará a Dios como un colega que vive al lado. Tendrá reverencia, apelando al único que está en lo alto y es exaltado. Una vez más debemos insistir que es inteligente, porque esto forma parte de ser reverente. ¿Cómo puedo mostrar reverencia a Dios si canto un coro banal que quizás contiene solo cuatro palabras significativas? Más bien insulto a Dios y lo bajo a un nivel de guardería. Si un himno no puede ser considerado inteligente, entonces no puede hacer nada por nosotros, y no es digno de que sea cantado al Dios Todopoderoso.

4 El cuarto estándar para un himno digno es que debe ser doctrinalmente claro. No debe ser ambiguo o impreciso. Debe ser lo suficientemente claro para ofender a la gente si es que no creen la idea prevaleciente o la doctrina. Si un himno es tan inocuo que asegura aceptación universal, entonces claramente no cumple su cometido. Si los escritores consiguen hablar tan vaga y generalmente que sus palabras gustan a gente de cualquier tipo de religión, entonces no pueden estar produciendo himnos dignos. Si en seguida satisfacen todas las posiciones teológicas, ¿cómo pueden expandir el entendimiento del que adora? Es significativo que las canciones más conocidas de la nueva adoración son inmensamente populares entre liberales teológicos y también en congregaciones católicas de todo el mundo.

El efecto de coros e himnos imprecisos e insípidos es extremadamente dañino para una congregación sana, porque entrenan a la gente a adorar con solo la mitad de sus mentes, y con solo la mitad de su sinceridad y seriedad. Si queremos enseñar a una congregación a cantar sin entendimiento constante y sin seriedad, entonces los himnos imprecisos, o de ideas pintorescas sin sentido, lo conseguirán. La gente aprenderá a aceptar una adoración mediocre, y pronto se verán obligados a extraer su gozo de las melodías más que de las palabras.

5 El quinto estándar para un himno digno es que debería evitar líneas exageradamente adornadas, y ser claro en sus expresiones. Un himno digno no es un ejercicio de embellecimiento poético. No sofoca sus sentimientos con una elocuencia excesiva y adornos, porque la gente de Dios debe cantar con el entendimiento (*1 Corintios 14:15*). Los buenos escritores de himnos normalmente han dominado un gran vocabulario, pero claramente lo han restringido para poder darse a entender. El poeta secular es libre para darse el gusto de exhibir sus habilidades, pero un himno es bastante diferente de la poesía secular. El sello distintivo de los grandes himnos es esta combinación de profundidad y simplicidad.

6 Un sexto estándar de un himno digno es que tenga una buena estructura y una rima sensata, lo cual es la parte técnica de escribir himnos. Un himno de calidad no tiene líneas forzadas o rimas "que casi ocurran". Algunos himnos delatan las dificultades de su autor. La primera y segunda líneas evidentemente funcionan bien, pero entonces el autor se ve en dificultades, y tiene que forzar algunas palabras para crear una rima. El sentido y la lógica tienen que ceder para conseguir que las palabras rimen. Aquel que es un escritor de himnos con talento, rara vez refleja esta dificultad. Su estructura es tan buena y su línea de pensamiento tan fluida que parece que no tiene dificultad. El pináculo de la escritura de himnos se ve cuando un himno mantiene y construye su tema a través de los versos. El autor no salta de un lado para otro cambiando de tema porque no pudo mantener la métrica o la rima del tópico por el que empezó. Los himnos más pobres a menudo varían tanto que hay un nuevo tema sin ninguna conexión en cada línea, y a veces a mitad de línea. La mente del que canta es llevada de una idea inesperada a otra y este por tanto deja de seguir el sentido y canta con poca seriedad. El himno es una bolsa de fragmentos.

La labor de identificar pensamientos, manteniéndolos en el orden adecuado, y además presentar un verso de calidad es difícil, pero es comúnmente conseguido en la colección de himnos tradicional. Las canciones de nueva adoración, en comparación, fallan constantemente en este punto. Si definimos un himno a través de los estándares conseguidos en el pasado, entonces muy pocos himnos están siendo escritos hoy en día. Esto, lamentablemente, es la inequívoca realidad.

7 El séptimo estándar para un himno digno es que debe estar libre de enunciados místicos. Los himnos están ligados a tener una mínima cantidad de misticismo, porque no es posible expresar algunas de las maravillosas cosas de la fe sin usar términos y figuras que si se sujetan a escrutinio, no encajan totalmente con la realidad. Hablamos, por ejemplo, de "conocer al Señor", pero quizás no hay espacio en un himno para definir cuidadosamente lo que se quiere decir, o para introducir el concepto "por fe". Algunos himnos tradicionales son bastantes místicos, y este escritor cree que deberíamos evitar usarlos. La nueva adoración, sin embargo, rebosa de ideas exageradamente místicas. Un buen himno usará imágenes bíblicas y lenguaje bíblico cuando sea posible, pero no se apartará intencionadamente de la realidad.

Estos puntos se ofrecen principalmente para mostrar que el himno tradicional nunca fue un accidente o una característica cultural. Escritores capaces analizaron lo que estaban haciendo. Poseían la habilidad de componer himnos y honraban los principios esenciales de adoración. No encontramos estas riquezas en lo que se ofrece hoy, a excepción de algunos pocos escritores que trabajan dentro del formato tradicional.

Puntos débiles en los himnos tradicionales

No es oro todo lo que reluce, y debe reconocerse que hay himnos en el corpus de himnos de estilo tradicional que claman por corrección. Así como no es necesario que cantemos en el lenguaje del Antiguo Testamento tampoco lo es que estemos atados al lenguaje de los siglos XVII y XVIII. Los himnos no necesitan tener una imagen antigua y polvorienta. Los que adoran no deberían tener que "traducir" a lenguaje moderno mientras cantan. Algunos himnos tradicionales se ven opacados por expresiones truculentas en desuso que necesitan ayuda editorial, concretamente, palabras y líneas curiosas y poco elegantes.

Es bien sabido que el gran himno de Charles Wesley: *Hark! The Herald Angels Sing* (Los Heraldos Celestiales Cantan) nació en 1739 con el título Hark, how all the welkin rings (Escuchad cómo los cielos resuenan); que en español, hoy en día, se conoce como: "Se oye un son en alta esfera". Nos alegramos que recibiera atención temprana. Para 1753 la Colección de George Whitefield ya lo había modificado para obtener la famosa primera línea como se encuentra hoy en la versión inglesa (el cambio vino tan solo 14 años después). El mismo himno se benefició de otras alteraciones en la versión en inglés poco tiempo después de escribirse. El himnario de Martin Madan de 1760 introdujo también otra nueva línea "with th'angelic host proclaim" (con la hueste angelical proclamad), en lugar de "universal nature sang " (la naturaleza universal cantó); que en la versión en español no se usa. En 1807 la nueva versión del himnario anglicano añadió el estribillo que está en la versión inglesa. Muchos otros himnos han sido similarmente mejorados al editarse, y el proceso necesita continuar. Ahora estamos separados de Watts y Wesley por más de dos siglos.

Algunas personas ven los himnarios anteriores a 1960 de las principales denominaciones y asumen que estos representan el conjunto de himnos tradicionales, y en gran medida así es, pero debe apreciarse que estos libros hasta cierto punto han estropeado esa tradición. Antes de mediados del siglo XIX había numerosos himnos refinados que expresaban las doctrinas de gracia muy claramente, pero algo pasó que destruyó muchos de ellos; los himnarios confesionales aparecieron. Antes de ese tiempo la mayoría de los himnarios eran compilados por individuos, a menudo pastores bien conocidos. Estos aseguraban su uso en la iglesia debido a su mérito.

Pero entonces las principales denominaciones decidieron tomar el control.

Dio la casualidad de que estas denominaciones eran normalmente una "multitud mixta" de calvinistas y arminianos, y era necesario que los himnarios no ofendieran ni a uno ni a otro bando. Himnos que eran demasiado explícitos al expresar una posición doctrinal eran omitidos o se suprimía su teología distintiva. A medida que los teólogos liberales crecían en número dentro de las denominaciones, los himnarios posteriores empezaron a tomar en cuenta sus gustos también, y una proporción de himnos liberales y católicos se fueron introduciendo. Estos han hecho mucho para deslustrar el himno tradicional, especialmente porque a menudo expresaban ideas vagas y sentimentaloides en lenguaje demasiado adornado. Hay incluso algunos himnos animistas en algunos himnarios, retenidos presumiblemente porque llegaron a ser bien conocidos como himnos escolares. Los de la nueva era y los ecologistas podrían cantarlos felizmente, pero no encajan en las colecciones basadas en la Biblia. Reconocemos que los himnarios tradicionales han tenido fallos, pero la postura central de los himnos protestantes permanece como un almacén magnífico e inmejorable de adoración bíblica.

Libremente admitimos que hay trabajo por hacer para extender la excelencia de los himnarios tradicionales, y hay lugar también para nuevos himnos en este molde. Algunos han sido escritos, pero con nuestra herencia de himnos extraordinariamente rica, ya sea medido en términos de teología sana o excelencia literaria, es poco probable que vaya a haber muchos más antes de que el Señor venga. Los filósofos de Atenas en los tiempos de Pablo pasaban su tiempo esperando escuchar alguna cosa nueva en el escenario del pensamiento. Hoy en día estamos casi obsesionados con la idea de que lo nuevo es bueno y lo antiguo es malo. Curiosamente, muchos creyentes de la Biblia están avergonzados de los himnos antiguos pero, ¿por qué? Nuestro próximo capítulo hablará de algunos escritores fenomenales de himnos de la adoración tradicional.

LOS SALMOS

como una guía de adoración, analizados para mostrar proporciones de aspectos diferentes de la adoración

TODAS LAS CATEGORÍAS DE SALMO – ¿OBJETIVO O PERSONAL?

	Objetivo*		Personal	
Salmos de alabanza, acción de gracias, afirmación o reflexión	70	47%	18	12%
Peticiones	21	14%	41	27%
Total:	91	61%	59	39%

*Es decir, enfocándose tanto en Dios como en temas fuera de uno mismo

SALMOS DE ALABANZA

TEMA PRINCIPAL:		
Dios, sus actos en general, creación y el mundo natural	28	19%
Reflexionando sobre la raza humana (en general negativamente)	13	9%
Reflexión y acción de gracias por experiencia personal	18	12%
Reflexionando respecto a la redención en general	29	19%

SALMOS PETICIONALES –

algunos salmos se dividen en dos categorías

De liberación y sostenimiento	19	13%
Arrepentimiento	11	7%
Anhelando certeza	9	6%
Compromiso/Dedicación	7	5%
Santificación	7	5%
Por Israel (es decir, por la liberación y avance de la iglesia)	11	7%
Por juicio sobre los enemigos (Algunos en los que el objetivo es el bien de la iglesia, y algunos en los que el salmista es un tipo de Cristo actuando en juicio divino.)	9	6%

LOS SALMOS

Categorías de adoración en los Salmos comparados con un himnario tradicional de muestra

	El Libro de los Salmos		Un Himnario Tradicional	
Salmos de adoración, acción de gracias, afirmación o reflexión	88	**59%**	328 himnos	**56%**
Salmos de petición	62	**41%**	257 himnos	**44%**

Una comparación de salmos de petición con un himnario tradicional (escogiendo himnos que no sean himnos basados en salmos)

	El Libro de los Salmos		Un Himnario Tradicional	
Arrepentimiento	11	7%	48	8%
Israel/Iglesia	11	7%	46	8%
Compromiso	7	5%	31	5%
Liberación y sostenimiento	19	13%	81	13%

Se puede notar que la selección de himnos en un himnario típico y tradicional que sea analizado, se asemejará remarcablemente al *libro de los Salmos*, mostrando la influencia de los Salmos en generaciones de escritores de himnos. Varios himnos de tipo reformado y conservador vienen a tener una composición muy similar.

CAPÍTULO 12

Un Don Sumamente Raro

TAL COMO LAS MÁS RARAS de las piedras preciosas, escribir himnos es un don precioso extremadamente inusual. Si se me permite referirme a una experiencia personal, hace más de cuarenta años pasé muchas, muchas horas estudiando himnos en la antigua Biblioteca del Museo Británico, que ahora se conoce como la Biblioteca Británica. Hay una colección extraordinaria de himnarios en la biblioteca nacional de Inglaterra, llamada *Church House Collection.* Incluye todos los himnarios, folios y otras publicaciones poéticas religiosas reunidas por el profesor John Julian, quien recopiló el clásico *Dictionary of Hymnology* (Diccionario del estudio y composición de himnos). Cuando uno mira muchos de estos himnarios, aparece un hecho claro: hay dos estándares de himnos.

Cualquiera puede escribir un himno, y miles lo han hecho, y los himnarios están llenos de tales himnos.

El lector quizás haya visitado una librería de segunda mano y encontrado un himnario raro y antiguo. Pero al examinarlo con detenimiento pronto quedó decepcionado. La experiencia fue más bien como mascar cartón. Las expresiones a menudo eran bellas, pero la poesía torpe y el estilo inexpresivo. Eso es un estándar de himno.

Por otro lado están los himnos de los grandes escritores. Esto es muy parecido a la diferencia entre la Biblia y los Apócrifos; sin que esto sugiera que estos escritores de himnos hayan sido inspirados divinamente. Sin embargo, es un hecho que el don o habilidad de manejar palabras y versos es un don muy raro.

¿Ha compuesto el lector algún himno, quizás por placer personal y reflexión? Este escritor tuvo una desagradable sorpresa hace algunos años. Mi mujer y yo nos mudamos de un lugar más grande a uno más pequeño, y como parte de la mudanza, una de las muchas cosas que tuvimos que dejar fue un antiguo piano. Estuvimos agradecidos con la joven que se quedó con el mismo. Después de unos días la joven le dio a mi mujer un sobre y en el sobre había documentos que había encontrado en el piano. Estos papeles amarillentos eran cartas que había escrito a mi mujer antes de que nos casáramos, lo cual ya era lo suficientemente malo; pero además, entre los papeles había varios himnos que yo había escrito. Al echar un vistazo a los himnos, un profundo escalofrío recorrió todo mi cuerpo. Cualquier sensibilidad poética que tuviera fue inmediatamente marchitada por estos himnos. Todos creemos que podemos escribir himnos y quizás necesitamos 40 años para verlos como realmente son. El don de escribir himnos es muy raro. No podemos evitar mencionarlo otra vez: *no espere demasiados escritores de himnos, son muy poco comunes.*

C. H. Spurgeon escribió muchos, muchos himnos. A principio de los 70 visité la escuela universitaria William Jewel cerca de la ciudad de Kansas, a quien la biblioteca de Spurgeon fue vendida, increíble como pueda parecer hoy en día. La escuela universitaria acababa de construir una excelente "réplica" del estudio de Spurgeon donde poder alojar la biblioteca. El bibliotecario me dio algo que no había visto antes: un volumen fotocopiado del libro de himnos y poemas de Spurgeon, de su puño y letra. Sabía de su existencia, pero nunca me percaté de cuántos escribió. Para una satisfacción espiritual lo que expresan ciertamente es precioso, pero la poesía es victoriana, el contenido bastante sentimental y frecuentemente discordante. ¿Es esto una crítica al gran predicador? No; simplemente es para señalar que una tremenda capacidad con las palabras no le convierte a uno en poeta. La gente que hoy en día está intentando escribir himnos lo hace sin que tenga capacidad alguna para ello. Para edificación privada, podemos probar todos, pero para canto público es algo diferente. Para hacer justicia a los himnos, y traer gloria a Dios, la primera regla es que no debemos esperar demasiados escritores.

Tenemos algunos grandiosos escritores de himnos con los que podemos contar, como por ejemplo ese hombre de extraordinario genio, Isaac Watts. Me alegra que haya muchos otros escritores, pero si estuviera abandonado en una isla desierta con solo una Biblia y un volumen de Watts, estaría totalmente contento. Lo cubre todo, himnos doctrinales, experienciales y todas las otras categorías de himnos, con gran sentimiento.

¿Puede haber algo más intimidante para un pastor que darse cuenta de que los mejores himnos de Isaac Watts, con toda su profunda y firme teología, fueron escritos antes de que cumpliera los treinta? Cuanto más vives y cuanto más los lees (como con *El Progreso del Peregrino*), más ves en ellos. Ese realmente es un don del Señor.

Pero además hay otro imponente genio: Charles Wesley. ¡Cuánta habilidad poseía! ¡Qué líneas tan perfectamente entretejidas presenta, tan eficientes y conmovedoras al mismo tiempo! ¿Quién puede igualarle hoy en día en calidad de verso, dignidad del lenguaje, y ternura de expresión? ¿Quién puede igualar sus fuertes epítetos divinos o sus humildes anhelos por bendición y avance? En verdad uno sólo puede explicar tal escritor de himnos viéndole como un regalo muy especial para la gente de Dios. John Newton también fue un fenómeno, especialmente cuando se considera que siempre se propuso ser práctico en vez de elegante, y que muchas de sus composiciones fueron escritas con gran prisa. Él y William Cowper acordaron que se alternarían en escribir un himno que fuera idóneo para los estudios bíblicos semanales en Olney. Desgraciadamente, Cowper a menudo estaba demasiado deprimido para producir un himno. A veces, solo con una hora de aviso, Newton tenía que escribir el himno de Cowper.

William Cowper, autor de algunos de los himnos más amados en la lengua inglesa, fue un gran poeta desde cualquier punto de vista. Al igual que él, James Montgomery fue un poeta destacado tanto en el campo secular como en el sagrado. Sus himnos tienen un equilibrio perfecto, ya sea que se evalúen teológica o poéticamente. Josiah Conder no escribió tantos himnos. Pero algunos son sublimes, tal como *Thou art the everlasting Word, the Father's only Son* (Tú eres la Palabra eterna, el Unigénito Hijo del Padre). Después está Joseph Hart. A menudo brusco y soso en su manera de expresarse, es más bien como un albañil comparado con un joyero. Sin embargo, su capacidad para exaltar doctrinas y tocar las fibras más profundas de la experiencia espiritual es muy notable. Tenemos muchos grandes nombres: Augustus Montague Toplady, Horatius Bonar, Frances Ridley Havergal, y muchos otros. Todos poseían habilidades destacables.

Todavía existen escritores de himnos con talento y sin duda sus contribuciones serán enormemente valoradas en colecciones presentes y futuras; pero son pocos. Por esta razón el camino más sabio puede que sea reconocer que el Señor ha dado a sus iglesias la mayoría de los himnos a usar hasta el final de los tiempos. Estos himnos deben ser valorados y preservados y cuando sea necesario actualizados mediante una edición juiciosa y cuidadosa.

Los que escriben canciones y estribillos del nuevo estilo de adoración no deben ser comparados con los grandes escritores de los himnos tradicionales. No es tan solo que escriben con un estilo diferente, sino que hay un abismo infranqueable, no importando cómo se evalúen sus composiciones. Teológicamente son dolorosamente insustanciales. Intelectualmente carecen con mucha frecuencia de expresiones de alabanza adecuadas. Emocionalmente estimulan en su mayor parte los *sentidos* y no el *alma*, usando ritmo y repetición en lugar de verdades espirituales. Poéticamente van de amateur a inepto. El combinar el nuevo estilo con el antiguo, con el paso del tiempo, indudablemente hará ignorante al pueblo de Dios y disminuirá de gran manera el nivel de inteligencia y el contenido doctrinal de la alabanza.

Los lectores de estas líneas pensarán en excepciones a esta lamentable lista de quejas, pero en general estarán de acuerdo que el cuadro que se presenta es cierto. Nuestro corpus de himnos con formato tradicional todavía merece el más grande reconocimiento y respeto.

CAPÍTULO 13

La Reverencia Comienza en el Lugar de Adoración

NADIE PUEDE NEGAR que se le deba reverencia a Dios Todopoderoso por derecho. Pero, ¿cómo puede ser Dios adecuadamente reconocido y adorado si el que adora lo ha reemplazado por un dios que él mismo ha hecho, un dios mucho más pequeño? Hoy en día muchos cristianos evangélicos han remodelado a Dios, convirtiéndole en un ser un poco más elevado que ellos mismos. Ya no es el Dios infinito, todopoderoso y santo que ve y examina cada corazón. Es meramente un amigo o colega que comparte nuestra pequeñez y trivialidad y que disfruta nuestra cultura basada en el entretenimiento. Ya no tiene que ser temido ni se le tiene que tener reverencia.

Con este nuevo Dios, Moisés no necesitaría descalzarse, ni el apóstol Juan caer a sus pies como muerto. A este Dios modificado no le importa cómo le adoremos, por lo que no tenemos que tener inhibiciones o escrúpulos sobre nada de lo que hacemos en su presencia. Pero el modificar a Dios significa que lo estamos negando y que lo estamos insultando. Así que entonces, ¿dónde está la reverencia hoy en día?

¿Dónde está el Dios de Elías? ¿Dónde está Jehová del Antiguo Testamento? ¿Dónde está el Dios poderoso al que se ora con gran respeto en las oraciones recogidas en el Nuevo Testamento? Asombrosamente no se quiere a este Dios glorioso, ni siquiera por muchos que creen su Palabra y buscan su salvación. La reverencia se ha convertido en algo desagradable. Ha sido relegada a los restos de una cultura antigua y desechada. Claman ahora: danos un Dios a nuestro nivel.

Este capítulo trata de la necesidad de la reverencia a Dios y de cómo trae grandes beneficios y bendiciones a los que adoran. *Hebreos 12:28-29* provee un versículo que especialmente nos reta hoy en día:

> **"Así que, recibiendo nosotros un reino inconmovible, tengamos gratitud, y mediante ella sirvamos a Dios agradándole con temor y reverencia; porque nuestro Dios es fuego consumidor".**

"Reverencia" significa aquí literalmente: con ojos mirando al suelo o gran humildad. "Temor" significa cautela o la reverencia de un temor santo.

El mismo Señor Jesús, cuando vivió una vida de perfecta justicia en nuestro lugar, mantuvo la más profunda reverencia hacia el Padre, la Biblia nos dice que sus oraciones fueron oídas porque "temía", usando el mismo término griego de cuidado o reverencia (*Hebreos 5:7*). El término "temor", que indica temor reverente, aparece a menudo en el Nuevo Testamento. Cornelio de Cesarea, que fue visitado por Pedro, fue reconocido por todos por ser uno que "temía" a Dios. Su reverencia hacia Dios era notoria. Cuando predicaba en Antioquia en Pisidia, Pablo apeló dos veces a aquellos que temían a Dios, usando el mismo término de temor reverente; pues ellos serían los que verdaderamente recibirían la Palabra. ¡Temed a Dios! Escribió Pedro, usando el mismo término (*1 Pedro 2:17*). ¡Temed a Dios!, dijo el ángel acerca de la predicación del Evangelio eterno en *Apocalipsis*, usando el mismo término, indicando que el objetivo fundamental del Evangelio es traer a hombres y mujeres no solo a salvación sino a reverencia (*Apocalipsis 14:7*).

La gente victoriosa de Dios cantó: "¿Quién no te temerá, oh Señor, y glorificará tu nombre?" Usando el mismo término de temor reverente (*Apocalipsis 15:4*). Y la voz del trono de Dios ordenó: "Alabad a nuestro Dios todos sus siervos, y los que le teméis, así pequeños como grandes" (*Apocalipsis 19:5*).

En la parábola de los labradores malvados, el Señor habló de un hombre que arrendó su propiedad. Pero cuando envió a sus sirvientes para recibir lo producido, fueron golpeados, matados y apedreados. Finalmente el hombre envió a su hijo diciendo: "Tendrán respeto a mi hijo". Reverencia, respeto y deferencia es exactamente lo que se le debe al eterno Hijo de Dios, el Señor de gloria. Expresiones de reverencia deben verse primero y ante todo en la adoración, y si no está ahí, no se verá en otras áreas de la vida cristiana tampoco. La adoración con poca reverencia pronto producirá cristianos con un compromiso, seriedad, profundidad e incluso santificación superficiales. La reverencia en la adoración es primordial para los creyentes, y debe ser firmemente mantenida.

Otro pasaje muy valioso sobre reverencia es *1 Timoteo 4:7-9*, donde Pablo dice a Timoteo:

> **"Desecha las fábulas profanas y de viejas. Ejercítate para la piedad; porque el ejercicio corporal para poco es provechoso, pero la piedad para todo aprovecha".**

Para mostrar la importancia crucial de estas palabras Pablo incluye el comentario "Palabra fiel es esta y digna de ser recibida por todos". Está hablando de la necesidad de reverencia hacia Dios. Podemos pensar que la palabra clave en estos versículos (*piedad*) se refiere en general a un carácter justo. Entonces la exhortación de Pablo significaría: "ejercítate en una vida santificada". Esto, por supuesto, sería algo correcto de hacer, pero la palabra *piedad* no significa eso. Es una palabra sumamente especial con un significado muy distintivo. En griego es *eusebeia*, que significa "bien devoto". Se refiere a nuestra actitud completa hacia Dios. Es mucho más específico que justicia o rectitud, y como esto es tan importante, probaremos brevemente el punto echando un vistazo a otros pasajes donde esta palabra es usada.

En *1 Timoteo 6:11* vemos una construcción muy interesante "Mas tú, oh hombre de Dios, huye de estas cosas, y sigue la justicia, la PIEDAD, la fe, el amor, la paciencia, la mansedumbre." Aquí la piedad se encuentra junto con otras cualidades específicas. Al igual que ellas, es distintiva. Obviamente, no es un término general para una vida cristiana ya que tiene lugar en una lista de virtudes muy particulares. El término es usado de la misma manera en la famosa lista de *2 Pedro 1:5-7*: "vosotros también, poniendo toda diligencia por esto mismo, añadid a vuestra fe virtud; a la virtud, conocimiento; al conocimiento, dominio propio; al dominio propio, paciencia; a la paciencia, PIEDAD; a la piedad, afecto fraternal; y al afecto fraternal, amor". La piedad otra vez se encuentra como una virtud específica al lado de otras.

La palabra griega en cuestión aparece en la literatura clásica donde los filósofos la utilizaban para denotar *una actitud apropiada hacia los dioses*. Este es el sentido en las epístolas, donde la palabra significa un comportamiento adecuado ante Dios, es decir, con reverencia y respeto. Se trata del temor a Dios, de la humildad ante Dios y de la deferencia hacia Dios.

La raíz de todos nuestros problemas hoy en día como cristianos evangélicos es el colapso de tal reverencia. Con el nuevo estilo de adoración, todo cuidado ante la presencia Dios y todo el profundo respeto por Él ha desaparecido, y sin embargo este es el mayor propósito de la salvación: reverenciarle y obedecerle. Pablo dice por tanto: "ejercítate en reverencia". Otras gracias espirituales no pueden florecer sin esta base.

Muchos creyentes exclaman: "Oh, pero quiero tener alegría y felicidad y estar lleno del Espíritu. Quiero una sensación emocionante de Dios y de gloria". Tal deseo está bien, pero solo puede venir con reverencia. Dios siempre deber ser para nosotros un gran Dios, a quien acudimos con reverencia y sumisión. El Espíritu Santo da genuina alegría cristiana tan solo cuando verdaderamente tenemos respeto hacia Dios. Si despreciamos la reverencia, viéndola como una alternativa sombría a la alegría cristiana, solo alcanzaremos un sustituto emocional falso, provocado y superficial. Todas las reuniones carismáticas en el mundo, con su ruido, ritmo y sensacionalismo, no pueden conseguir *verdadera* alegría cristiana, porque no tienen una base de temor reverencial y asombro.

Los principales promotores del nuevo estilo de adoración, con su amor por la música de entretenimiento y su total superficialidad, muestran la misma indiferencia hacia la reverencia en su estilo de enseñanza. Pablo, al dar a Timoteo su exhortación sobre la piedad, dice: "desecha las fábulas profanas y de viejas". Estas fábulas tenían mucho en común con el enfoque de enseñanza inusual de la adoración carismática moderna. Eran mitos basados en las Escrituras. Los que enseñaban esas fábulas tomaban personajes del Antiguo Testamento y los adornaban, creando hechos y mensajes mucho más allá de lo que el texto aludía. Apelaban inteligentemente al gusto popular, su relato absorbía las mentes de la gente. El cuentista es siempre fácil de escuchar.

Sin duda estos maestros de fábulas poseían un inmenso encanto, y sin duda sus historias eran memorables. Era un modo de enseñanza fascinante y entretenido. Sin embargo, al ordenar a Timoteo a que los rechazara, Pablo utiliza una palabra interesante. Llama a estas fábulas "*profanas*". Una palabra que indica lo opuesto a la reverencia y al respeto. La palabra griega para decir *profano* se refiere literalmente a alguien que tranquila y libremente hace todo lo que le place. No tiene reserva, no tiene cautela, ni miedo o respeto por las premisas. Los que enseñaban fábulas no tenían reverencia ni respeto por el texto sagrado. Solo se inventaban las cosas y las hacían pasar por enseñanza bíblica. La denominación carismática más grande del mundo de hoy en día inventa un nuevo deber espiritual cada dos por tres. Nuevas unciones (todas con un precio) surgen mientras los predicadores traman e inventan truco tras truco, siempre, por supuesto, encontrando un texto en el cual basarse. Al igual que los que antiguamente contaban fábulas, estos no tienen reverencia o respeto por Dios o por el texto sagrado. Parece que no se dan cuenta que hay un Dios en el Cielo que les pedirá cuentas por todas las tergiversaciones y distorsiones de su Palabra. No hay ningún temor en ellos. "Rechaza sus fábulas profanas e irresponsables", diría Pablo, "porque tal gente no está gobernada por una reverencia, respeto y cuidado o conciencia con respecto a las Escrituras".

Fueron maestros de este tipo de carácter los que en tiempos recientes han sido los primeros en apartarse de la adoración tradicional, sustituyéndola por entretenimiento, ligereza, teatralidad, trucos y juegos. La adoración con estilo de espectáculo ha sido producto de la enseñanza profana. La reverencia ha sido echada por la borda y la superficialidad vana y el abandono emocional han sido introducidos.

¿Cómo pueden algunos de estos líderes de adoración moderna comportarse como lo hacen cuando corren a la plataforma como celebridades de televisión, fanfarroneando de sus personalidades y comportándose de una manera totalmente irreverente y frívola en presencia del Dios santo, todopoderoso y maravilloso? La reverencia sabe cómo honrar la dignidad divina, pero para ellos es gravosa y restrictiva.

Da la casualidad de que la reverencia es una puerta que lleva a gran bendición tanto en la vida presente, como en la eternidad, tal y como Pablo lo dice en *1 Timoteo 4:7-8*. Por lo que exhorta: "Ejercítate para la piedad". La palabra *piedad*, como hemos mostrado, se refiere a reverencia y respeto por Dios. La palabra griega traducida como "*ejercítate*" hace referencia a entrenar. Por tanto Pablo dice "Entrena para practicar la reverencia".

No hay duda de que la reverencia es instintiva en cristianos que acaban de nacer. Cuando somos convertidos, nuestra nueva naturaleza está impregnada de gran reverencia por Dios. Pero podemos permitir que se reduzca e incluso pederla. Por tanto, dice Pablo, debe ser ejercitada. Sabemos que el ejercicio en la esfera física no crea músculos. Con certeza los desarrollará, y debería preservarlos, pero en un principio no los crea. De igual manera, la reverencia acompaña a la nueva naturaleza, pero es necesario el ejercicio para fortalecerla y mantenerla.

Hace algunos años un médico amigo mío me contaba sobre su iglesia, de cómo estaba adoptando nuevas canciones carismáticas, estribillos, palmas, balanceos, lenguas, y dando lugar a una cantidad considerable de ruido en los cultos. Este doctor tenía un buen entendimiento de la verdad reformada, y le pregunté qué pensaba al respecto. Respondió que era bastante ambivalente, y que no le importaba lo que estaba sucediendo. Ya fuera que la adoración fuera dirigida de la manera antigua o de la nueva, él sentía que todo era adoración. No le molestaba ni le ofendía que la reverencia hubiera caído. Su instinto por la reverencia había virtualmente desaparecido.

El apóstol Pablo, por cierto, no repudia el ejercicio físico cuando dice: "porque el ejercicio corporal para poco es provechoso". Algunos piensan que lo que quiere decir es por poco tiempo. Sin embargo, el enunciado puede ser igualmente traducido como: "porque el ejercicio corporal aprovecha poco". El enunciado de Pablo reconoce que el ejercicio consigue algo. El apóstol experimentó por sí mismo ejercicio físico considerable, caminando grandes distancias. E incluso, ya de mayor, nos hubiera dejado atrás de gran manera. Además, cuando se encontraba en algún lugar donde no había apoyo, trabajaba como hacedor de carpas. En aquella época no había máquinas de coser industriales, y los trabajadores tenían que poner correas e hilos a través de telas muy pesadas y lonas a mano. No debemos pensar en Pablo como un académico de hoy en día.

Pablo estaba perfectamente al tanto de las actividades atléticas de su época. Le era claro que el beneficio del entrenamiento era, en primer lugar, efectivo solo por un tiempo; y en segundo lugar, estaba limitado a preparar a un atleta para su evento especial. Un luchador duramente entrenado no era necesariamente un corredor rápido. Trasladándonos al ámbito moral, un entrenamiento físico de un atleta no le ayudaría a controlar su temperamento, ni ninguna otra tendencia pecaminosa. El ejercicio físico funcionaba sólo en un área limitada.

El argumento del apóstol es que el ejercicio de reverencia tiene un beneficio mucho más amplio, porque profundiza y fortalece cada aspecto de la vida cristiana y servicio cristiano; y prepara para la eternidad. "Porque el ejercicio corporal" aprovecha poco, "pero la piedad para todo aprovecha, pues tiene promesa de esta vida presente, y de la venidera".

La reverencia es declarada inmensamente importante y beneficiosa en la vida cristiana, pero debe empezar con la adoración. Si la adoración es despojada de reverencia, entonces la reverencia será atrofiada en todos los demás aspectos del vivir cristiano. Lo que comienza en la adoración, se esparce en toda la vida cristiana. Si la adoración es más bien una función teatral, con ostentación, imitación del mundo, que busca sensaciones, con mucho ruido y es toda para mi placer, entonces la reverencia no va a ser encontrada en ningún otro departamento de la vida. ¡Qué cruel es, por tanto, que las iglesias abandonen una adoración reverente! Sus miembros estarán seriamente dañados y desaventajados en sus vidas espirituales personales.

Reverencia y entendimiento

Tomemos nuestro entendimiento de la Biblia. La reverencia a Dios produce humildad y temor de ofenderle en el manejo de la Biblia. Tomamos el enfoque opuesto al de los maestros de fábulas y los maestros carismáticos a los que nos hemos referido. "Esta es la Palabra sagrada de Dios". Nos decimos "No debo apresurarme al leerla. Debo abrir mi corazón cada día a lo que Dios dice. Debo asegurarme de que la entiendo correctamente y si no la entiendo, debo consultar un libro o persona de fiar para que me ayude. Debo aprender y obedecer". La reverencia lleva a concienciación con las Escrituras, y esto a su vez, lleva a un entendimiento adecuado. La reverencia nos ayuda ciertamente a no llegar a conclusiones precipitadas y superficiales. Nos salvaguarda de muchos errores. Esta actitud de reverencia y cuidado se ve perfectamente en la actitud del apóstol Pedro, recogida en *2 Pedro 1:19-21*:

> **"Tenemos también la palabra profética más segura, a la cual hacéis bien en estar atentos como a una antorcha que alumbra en lugar oscuro, hasta que el día esclarezca y el lucero de la mañana salga en vuestros corazones; entendiendo primero esto, que ninguna profecía de la Escritura es de interpretación privada, porque nunca la profecía fue traída por voluntad humana, sino que los santos hombres de Dios hablaron siendo inspirados por el Espíritu Santo".**

La persona con reverencia al Señor y a su Palabra procura entender las cosas adecuadamente. El predicador siempre revisa su trabajo concienzudamente. Si piensa que ha visto algo en el texto que no había visto antes, se preocupa si su imaginación no lo ha hecho equivocarse, y comprueba su entendimiento más cuidadosamente. La reverencia evita que llegue a conclusiones tontas y errores. La reverencia comprueba sus pasos y hace humilde su auto confianza. ¡Cómo marca la diferencia el tener reverencia! Pero si se omite en la adoración no se encontrará en el manejo de la Biblia. El ejercicio esencial de la reverencia comienza con la adoración. La casa de Dios es el mejor lugar para ejercitarse.

Reverencia y santificación

Desviándonos del estudio bíblico a la santidad en la vida, la reverencia hace de nuevo la diferencia, y fortalece nuestro avance. Sin reverencia, el arrepentimiento por el pecado se vuelve fácil y ligero, pero con ella (sembrada y alimentada en nuestra adoración) somos mucho más serios y determinados.

En 2 Corintios 7, Pablo habla del arrepentimiento de los Corintios, diciendo, en efecto, "Cuando os arrepentisteis de los pecados que habíais cometido: ¡Cuánto examen de conciencia había! ¡Cuánta sensibilidad de conciencia había! ¡Cuánto odio hacia vosotros mismos era mostrado! ¡Cuánto celo y vehemencia teníais para deshaceros de lo incorrecto! Teníais tal reverencia por Dios y conciencia de su santidad, que anhelabais ser aceptados ante Él, y realmente os arrepentisteis y os esforzasteis por corregir la situación".

La reverencia por Dios dice: "*Debo* dejar este pecado atrás. *Debo* obtener su indulto y perdón antes de continuar con cualquier otra cosa, pues Dios me ve". La reverencia da lugar a gran diligencia.

El creyente siempre puede correr a la presencia de Dios tal como un niño acude a la presencia de un padre amoroso, pero no sin reverencia y respeto, porque nuestro Padre celestial exige santidad, y es severo en su indignación santa contra el pecado. La reverencia nunca nos roba alegría, sino que mantiene en nosotros un grado adecuado de seriedad, para que no nos derrumbemos en superficialidad y ligereza. Una vez más debemos decir que si tal reverencia no comienza con la adoración, nunca crecerá ni sobrevivirá.

Reverencia y modales

La reverencia a Dios, por encima de cualquier otra influencia, moldea nuestro estilo de vida y conducta en un mundo vigilante. Usando una palabra un tanto en desuso pero muy descriptiva: ¿Cuál es nuestro porte delante de la gente que no es convertida? ¿Cuál es nuestra actitud y nuestra conducta? Si tenemos una profunda reverencia y respeto por Dios, siempre nos sentiremos como sus sirvientes "en servicio". La última cosa que querremos hacer es defraudarlo.

La reverencia por Dios no olvida que Él observa cada una de nuestras reacciones a las circunstancias. También da lugar a tal sentido de privilegio y responsabilidad que nunca abandonaremos nuestra compostura ni caeremos en mal comportamiento. Seremos diligentes para testificar, y cuidadosos para controlarnos cuando estemos bajo estrés. Nos preocupara manejar nuestros problemas y dificultades bien y no perder nuestro autocontrol. La reverencia recuerda que Dios sabe lo que es mejor, y que provee y nos entrena para nuestro bien eterno. La reverencia nunca duda del Señor, y por supuesto que nunca puede estar resentida contra Él. La reverencia nos sostiene a través de muchos valles, y nos lleva a nuevas fases de alegría y paz.

Cada parte de nuestra vida es afectada considerablemente, bendecida y fortalecida por la reverencia al Señor. Los maridos y mujeres se dirán: "Dios me ha dado un compañero para toda la vida y una responsabilidad de mantener mi matrimonio puro y armonioso y lleno de propósito. Ya que esta comisión procede del Dios eterno y poderoso, a quien adoro y venero, la mantendré con diligencia y temor reverencial. Mantendré viva la llama del amor y la visión del matrimonio y me comportaré con respeto y afecto en cada situación".

A través de la reverencia, sometemos pensamientos indignos el uno del otro, y practicamos el valorar el uno al otro. La reverencia a Dios nos mantiene atentos a las reglas. Dios observa, castiga y recompensa según nuestra conducta. Sin embargo, este tipo de reverencia nunca se mantendrá en nosotros si no es ejercitada y desarrollada primeramente en el tiempo de adoración.

Ejercitando reverencia

Pablo dice que la reverencia a Dios aprovecha para todo, ¿pero cómo puede ser ejercitada? Entrena cada día, dice el apóstol. Pero, ¿cómo? Hemos apuntado que la casa de Dios es un excelente lugar para ejercitarse equipado con la Palabra de Dios y el aparato de adoración colectiva. Igualmente precioso es el tiempo de devociones diarias. Hay mucho que aprender del entrenamiento de los atletas. Uno de los aspectos claves del entrenamiento en la esfera física es el *sacrificio*. En atletismo, sacrificio caracteriza todo entrenamiento, y el ejercicio de la reverencia necesita que ciertas cosas sean apartadas. Esto comienza con la purificación de la adoración. La frivolidad y no la alegría, debe ser apartada, y con ella los excesos meramente emocionales y el placer egoísta. El Señor debe tener el lugar más alto. Si estamos listos para hacer esto, y para poner a Dios primero y antes que todo en la adoración, entonces no encontraremos dificultad para hacer lo mismo en otras áreas de la vida.

En sus vidas personales, algunos creyentes necesitan comprometerse a sacrificar cosas mundanas. Muchas cosas que el mundo hace son atractivas, e incluso en los productos musicales actuales del mundo habrá sin duda algunas melodías atractivas y arreglos acompañados de instrumentación brillante. Pero si estos logros están casados y pegados a una cultura podrida, tendrán que ser sacrificados. La reverencia a Dios nos provocará decir: "No quiero una cultura inmoral que domine y entrene mi pensamiento, ni tampoco debo aprobarla mediante la asociación con ella. Por tanto lo sacrifico por el Señor".

La reverencia además guía a los creyentes a consagrar sus actividades al Señor. No dicen que sí a cualquier actividad que se les ofrece. Cuando amigos vienen y dicen: "salgamos", y otros: "Ven con nosotros la siguiente noche", esperan y reflexionan. Quizás lo que se propone es legítimo y sano, y las invitaciones pueden venir de buenos amigos, pero creyentes están preparados para sacrificar el lujo de decir que sí a todo, no vaya a ser que sus vidas se hagan desorganizadas. Si nos rendimos a cada propuesta no tendríamos tiempo para devociones, ni tiempo para el servicio cristiano, ni tampoco tiempo suficiente para otras prioridades.

No estamos hablando aquí de ser atraídos por cosas pecaminosas, sino de sacrificar el derecho de hacer *cualquier* cosa que es buena y agradable por amor al Señor. Todos tenemos que aprender a decir que no a ciertas cosas. El entrenamiento comienza aquí, como cualquier atleta puede corroborar. Este tipo de disciplina (que es fruto de la reverencia) se aplica a la adoración en la casa de Dios, donde se dejan fuera actividades extrañas. Se aplica también a la vida diaria. Pero repetimos otra vez que esta actitud consagrada hacia la vida solo se encuentra cuando los creyentes tienen un profundo respeto por Dios, y será dañada gravemente si no es ejercitada primero en la adoración.

El atleta también sacrifica su libertad de vestimenta, y se pone sus pantalones cortos y su camiseta sin mangas para el entrenamiento, y en cierta manera nosotros deberíamos hacerlo también. El creyente dice: "Sacrificaré el derecho de vestir como yo quiera tanto en la iglesia como en el trabajo". Quizás estamos bajo presión en nuestro trabajo para seguir los estilos que prevalecen, pero tenemos un código de vestir cristiano que observar, y debemos estar dentro de los límites de la moralidad y la decencia. Por tanto, recordamos que ciertas cosas son inaceptables para nosotros porque tenemos reverencia a Dios y queremos agradarle y vivir para Él. No es sorprendente que dondequiera que la reverencia ha sido excluida de la adoración, el código de vestir de los creyentes se ha perdido también. La reverencia comienza en la adoración.

Para algunos creyentes, quizás hay una superficialidad placentera que tiene que ser restringida, y entonces deberían orar: "Señor, sacrifico mi deseo de vivir en constante ligereza". Claramente esto afecta más a ciertas personas que a otras. Pero algunos quieren vivir en ligereza el día entero y nunca ser serios. Deben decir: "Señor, me doy cuenta que debo tener principios más serios en mi vida. Debo madurar. Sacrificaré mi escape perverso a cualquier diversión. Sacrificaré la libertad de ser una persona voluble cambiando de una cosa a otra según me venga bien. Ya no evitaré más el tener autodisciplina y un pensamiento consistente. Buscaré momentos de seriedad y me enfocaré en cosas sólidas."

Tal deseo y promesa es un entrenamiento diario vital para algunos creyentes. Este es el entrenamiento de la reverencia.

Se puede observar que la reverencia a Dios nos mantiene en equilibrio independientemente de nuestra personalidad y dones. Por ejemplo, tenemos creyentes entre nosotros que están dotados de un gran sentido del humor, y esto ilumina el día, y disfrutamos de su ingenio. Pero si tienen reverencia a Dios, también tienen un lado serio, y podemos disfrutar de conversaciones maduras con ellos. Saben cuándo es tiempo de ser divertidos y cuando es tiempo de ser serios. Y si no saben cuándo tienen que estar serios y maduros, entonces probablemente han fallado en ejercitar reverencia hacia el Señor. Tales amigos no tendrán ayuda para mantener su equilibrio si la adoración en sus iglesias es liviana y frívola, o si sus líderes de adoración no tienen un respeto visible por Dios, ni tampoco saben respetar la ocasión.

Cada día el creyente en entrenamiento pasa por un tipo de programa de reconocimiento ¿Qué voy a hacer hoy? ¿Qué va a pasar en mi tiempo libre? ¿Estoy buscando hacer algo útil para el Señor? ¿Debería visitar a alguien, quizás para traer de vuelta a un amigo vacilante? Hoy serviré y honraré al Señor. Si me encuentro en problemas repasaré mis privilegios y recordaré las promesas. Respetaré los deberes sagrados. No escatimaré en mis devociones. Recordaré que represento al Señor en todas las situaciones. Tendré cuidado de reconocer cuándo debo ser serio, para llorar con aquellos que lloran, o discutir algún aspecto importante adecuadamente.

Los cristianos reverentes no insisten siempre en hacer todo a su manera. Los cristianos reverentes trabajan duro en el servicio al Señor. Los cristianos reverentes son sacrificados en sus responsabilidades. La reverencia influye en todas estas cosas, y si se perdiera, pronto caeríamos en un vivir cristiano superficial. El entrenamiento en reverencia beneficia cada aspecto de la vida, produciendo una sana cantidad de seriedad, escrupulosidad, respeto por la Palabra y celo por el trabajo de Dios.

¿Cómo está nuestra reverencia? ¿Hemos perdido este aspecto fundamental de la vida cristiana? Como hemos afirmado repetidamente, la reverencia en la adoración es el punto de partida esencial. Si se quita eso, no hay esperanza de que nos parezcamos, ni remotamente, al tipo de personas que Dios desea para sí.

CAPÍTULO 14

Tres Batallas para el Alma de las Iglesias que Sí Creen en la Biblia

ESTE LIBRO COMENZÓ con la afirmación de que la adoración es el problema más importante que las iglesias que creen en la Biblia enfrentan hoy en día. Hace algunos años un grupo de líderes eclesiásticos influyentes intentaron juntar a católicos y evangélicos, proponiendo cooperación en la misión. El coste sería grande: el oscurecimiento de doctrinas vitales de salvación que les separaban. Muchos evangélicos sucumbieron, pero muchos se mantuvieron; sobre todo cuando un número de líderes prominentes se levantaron en defensa del Evangelio, insistiendo que la justificación solo por fe es el camino exclusivo para la salvación de almas perdidas.

Al mismo tiempo, hubo prácticas carismáticas que se estaban expandiendo rápidamente a través de iglesias tanto católicas como evangélicas, llevando a muchos evangélicos débiles a creer que los católicos debían ser igualmente "salvos" porque experimentaban los mismos fenómenos carismáticos. Los distintivos de la salvación sufrieron un revés severo, pero un gran número de iglesias evangélicas permanecieron inafectadas, al no haber aceptado nunca las prácticas carismáticas como bíblicas.

Pero entontes la nueva revolución de la adoración aceleró su influencia, mostrándose mucho más peligrosa que cualquiera de las otras tendencias. Iglesias que habían defendido la justificación solo por fe y que se habían mantenido separadas de las ideas carismáticas, cayeron bajo la inmensa presión de adoptar una adoración con estilo mundano y carismático. Aquellas que hicieron así, comenzaron a ser moldeadas por las nuevas canciones que estaban cantando y la música que tocaban. Pronto ya no pudieron ver mucha diferencia entre ellos y quienes producían las nuevas canciones. Esas iglesias están ahora siendo gradual, pero inevitablemente, absorbidas en el mundo del evangelismo carismático y ecuménico. Aunque en el pasado habían rehusado reemplazar sus rasgos distintivos evangélicos por doctrinas falsas, o por la aceptación de fenómenos carismáticos, estas iglesias están siendo ahora dominadas por la eufórica droga de adoración de estilo contemporáneo. Algunas veces la predicación permanece sana, pero ¿por cuánto tiempo permanecerá así una vez que la escala de valores de la iglesia ha cambiado?

Ya sea que sus defensores se den cuenta o no, el movimiento contemporáneo de adoración es el instrumento del momento para derribar las paredes doctrinales de Sión. ¡Cómo debe estar intentando al máximo provocar tal catástrofe el archienemigo de las iglesias de Cristo y de las almas humanas! ¡La nueva adoración es indudablemente nuestra enemiga, no nuestra amiga!

Si damos el más mínimo pie a la nueva adoración arruinará la actividad más grande que se nos ha encomendado: el ofrecimiento reverente, inteligente y jubiloso de alabanza espiritual. Aquellos que comienzan a cantar una canción de nueva adoración en cada culto, pronto estarán cantando dos, y después tres, después añadiendo la banda, etc. Se puede percibir fácilmente que dondequiera que la nueva adoración ha sido acogida por evangélicos, una pérdida perceptible de reverencia, acompañada de mundanería y superficialidad se ha establecido. Es obvio, en la experiencia de muchas iglesias, que la nueva adoración trae madera, heno y hojarasca y que roba de poder y gloria a la verdadera alabanza.

En este llamamiento final y respetuoso a aquellos que son responsables por el cuidado espiritual de otros y a los creyentes en general, permítanme que inste a la consideración de tres posibilidades preocupantes. En primer lugar, la adopción de la nueva adoración (con todas sus peligrosas transigencias) podría ser un acto de gran *insensibilidad y crueldad pastoral*, ya que destruye en los jóvenes todo sentido de separación del mundo, y los deja como lisiados espirituales bajo el poder de la cultura secular. ¿Cómo se puede esperar que mantengan vidas limpias de una cultura mundana y pecaminosa, si eso mismo es incorporado en la adoración de su iglesia? Antes de esta era, las iglesias evangélicas jamás habían considerado adoptar nada parecido a esto.

En segundo lugar, la adopción de la nueva adoración tal vez llegue a ser la fuerza *de división* más grande por muchas décadas, porque un gran número de creyentes se verán llamados a permanecer apartados de congregaciones que se rindan a esto. Ya estamos viendo que esto ocurre a gran escala.

Finalmente, con la adopción de la nueva adoración, las congregaciones podrían cambiar radicalmente de carácter en los meses y años venideros. ¿Dónde estará su iglesia de aquí a diez o veinte años?, ¿Será una comunidad superficial y sin importancia, basada en el entretenimiento, que bebe de las fuentes de este mundo y que está despojada de toda la fuerza del cristianismo verdaderamente bíblico?, ¿Se habrá convertido en una iglesia carismática, con gente bailando o cayéndose por los pasillos?, ¿Será imposible darse cuenta que una vez fue una congregación conservadora que amaba la Biblia?, ¿O estará todavía representando la Verdad por el poder de Dios?

¿Cuántas iglesias se apartarán de los caminos bíblicos antiguos a través de la adoración mundana? La gran tragedia ya está ocurriendo con importantes congregaciones convirtiéndose en "nuevo evangélicas" y carismáticos en pueblos y ciudades en muchos sitios. Que Dios nos ayude a valorar y guardar los grandes principios de adoración expresados en su Palabra, redescubiertos con la Reforma y guardados por millones durante tantas generaciones. Que podamos probar al Señor siendo leales a estos principios. Que podamos ser fieles a nuestro cargo como pastores y dirigentes de iglesias.

Las Escrituras son importantes. Los principios cuentan. El Señor debe ser amado y obedecido en todas las cosas. No deje que nunca nadie le quite su adoración basada en la Biblia. Cualquiera que sea el coste, aférrese a la adoración enfocada en Dios, no corrompida por invenciones de la carne, hasta que el gran día esclarezca y las sombras desaparezcan, y miremos con gran gozo a nuestro Rey, cuya supereminente gloria no será ya más oscurecida por las cosas de este mundo para toda la eternidad.

APÉNDICE

REGLAS PRÁCTICAS PARA LA ORACIÓN PÚBLICA

APÉNDICE

Reglas Prácticas para la Oración Pública

LAS SIGUIENTES PRECAUCIONES deberían tenerse en mente por todos aquellos que guían la oración en cultos de adoración. En general, estos consejos se aplican también a contribuciones hechas en la reunión de oración en la iglesia, pero aquí habrá más flexibilidad, para que todos sean alentados a orar, y para que se mantengan al mínimo los factores que puedan inhibir.

1 Debemos, por supuesto, *ser honestos* en nuestras oraciones, y estar totalmente atentos en poner nuestros pensamientos en dirección al cielo, incluso cuando guiamos a otros. Sería una situación terrible si el pastor o el que guía la adoración no estuviera orando él mismo. ¡Seguramente Dios no nos tendría por inocentes!

2 No deberíamos orar demasiado deprisa, sino más bien a una velocidad sensata. Y así otros podrán seguir nuestras palabras seriamente, con atención y concienzudamente, haciéndolas así propias. Recuerde, aquellos que nos están siguiendo deben ser capaces de entender lo que estamos diciendo e identificarse con ello.

3 No deberíamos adoptar expresiones extrañas e idiosincrásicas, sino más bien deberíamos dirigirnos a Dios siempre de una manera natural y llena de sentimiento. Hermanos elocuentes quizás tengan que refrenar su don y orar humildemente ante el Señor.

4 No deberíamos revolotear de una manera desestructurada, de una idea a otra, sino que deberíamos tratar de reflejar el ejemplo bíblico de orden en la oración. Ni tampoco deberíamos dar tumbos con digresiones sin ton ni son.

5 No deberíamos predicar, ya que nos estamos dirigiendo a Dios y no a la gente. La oración no debe usarse como un medio para puntualizar cosas a los que adoran, o para reproches o exhortaciones indirectas. (Ha ocurrido que los participantes en reuniones de oración imitan al pastor en esta falta, convirtiendo la reunión en un foro donde la gente expresa sus opiniones o quejas como les place).

6 No deberíamos hacer anuncios a Dios, informándole o recordándole algunas cosas, bajo el disfraz de decir a la gente aquello por lo que tenemos la intención de orar. Esto implicaría que Dios no es omnisciente. Si algo es totalmente desconocido por la gente, debería ser mencionado *antes* de la oración, o deberíamos orar por la esencia del asunto sin detalles.

7 Es una buena y antigua regla el no usar los nombres de la gente en oración pública. Esto sigue el patrón general de las oraciones públicas en la Biblia. Deberíamos orar por "nuestra hermana" o "tu siervo". Solo un nombre cuenta en oración pública. (La reunión de oración de la iglesia permite una mayor familiaridad).

8 Al guiar oraciones públicas, deberíamos enfocarnos en cosas grandes, y no en pequeñas, y no ser demasiado específicos a menos que una situación sea muy seria. La herida de un niño, por ejemplo, no sería específicamente mencionada en la oración pública, sino que vendría en la petición general por los enfermos. Sin embargo, "ese pequeño" enfermo de cáncer encontraría apropiadamente una oración específica.

9 Aparte de las Escrituras, deberíamos evitar las citas (con la posible excepción ocasional de un par de versos de un himno), orando por lo general con nuestras propias palabras.

10 Al ensalzar los atributos y las obras de Dios, deberíamos tener cuidado de que la oración no se convierta en una teología sistemática microscópica. Debemos mantener las cuestiones simples y claras, *ensalzando* alguna de las magníficas características del Señor, en vez de todas, o incluso la mayoría de ellas.

11 No debemos perder un equilibrio, inclinándonos a ofrecer solo alabanza, o arrepentimiento o petición en su mayor parte.

12 No deberíamos estar tristes (especialmente en la Cena del Señor) volviendo constantemente a nuestros pecados e indignidad y estar estacionados en los sufrimientos de Cristo como si no hubiera habido resurrección, ni causa de regocijo. Estas cosas tienen un lugar esencial en la oración, pero también las bendiciones compradas por Cristo, el Señor resucitado. Deberíamos orar como aquellos que han recibido el *Evangelio*, esto es, las *buenas nuevas.*

13 Es de gran ayuda para aquellos que siguen nuestras oraciones si evitamos menciones constantes de los pronombres divinos o el nombre del Señor. Por el nerviosismo mucha gente comienza cada frase con ¡Oh Señor! , y expresiones similares. A veces un nombre divino o pronombre aparece cada dos o tres palabras. Esto hace que sea muy difícil concentrarse a los que adoran.

14 Deberíamos evitar, como si de una plaga se tratase, el tener un tono de: "Pues de hecho…". Esto es obviamente inapropiado para estar rogando a Dios todopoderoso, sugiriendo indiferencia o ligereza.

15 También deberíamos evitar una voz cantarina. El mejor antídoto para esto es una seriedad verdadera.

16 No deberíamos dejar que los periódicos escriban nuestra agenda para orar, ni tampoco hacer juicios ni comentarios políticos.

17 Deberíamos tener cuidado de no ser repetitivos. Esto puede

ser legítimo en oración privada, pero no en la oración pública. Sin embargo, personas diferentes pueden orar por las mismas cosas varias veces en una reunión de oración.

18 Nunca deberíamos orar contra gente o movimientos usando sus nombres, como los carismáticos hacen, que piensan que están comisionados a expulsar a Satanás personalmente y a repeler los poderes del mal con sus oraciones. Los salmos imprecatorios muestran a David pronunciando oraciones de juicio, pero lo hace como un tipo de Cristo. Por lo que a nosotros nos concierne, imprecaciones son una prerrogativa exclusiva del Señor, y no nuestro trabajo. Es adecuado orar por protección o por que el mal sea contenido, pero no orar explícitamente contra gente. Cuando los apóstoles eran perseguidos, solo puntualizaban ante Dios la opresión de sus enemigos, e inmediatamente oraban por denuedo y por bendición en la predicación de la Palabra.

19 Deberíamos tener cuidado de no orar más allá de la capacidad razonable de los que nos siguen en oración. Nuestros antepasados a menudo tomaban *Eclesiastés 5:2* como su lema para la oración pública: "No te des prisa con tu boca, ni tu corazón se apresure a proferir palabra delante de Dios; porque Dios está en el cielo, y tú sobre la tierra; por tanto, sean pocas tus palabras".

Ejemplos bíblicos de adoración y oración

Los siguientes pasajes muestran la variedad de temas a ser incluidos en oración. Vale la pena tener en cuenta que se mantiene siempre la estructura de lo objetivo antes que lo subjetivo.

La oración patrón del Señor, *Mateo 6:9-13*

La verdadera intención de esta oración no era que se recitase, sino que sirviese como un patrón, que contiene grandes principios de orden y contenido para que los sigamos. Cada petición contiene un punto a incorporar en la oración pública.

"*Padre Nuestro*" – Nos dirigimos al Padre como a un Dios personal y paternal, al que se le puede conocer. (Al dirigirnos al Padre nos dirigimos a toda la Trinidad).

"*Que estás en los cielos*" – Nuestros pensamientos son elevados para considerar la inmensidad de Dios, quien es respetado como el ser infinito y eterno, que está fuera y por encima del orden creado.

"*Santificado sea tu nombre*" – El Padre es adorado como santo y sus atributos reconocidos y adorados.

"*Venga tu reino*"– Dios es adorado como Rey, con toda autoridad y poder, y se anhela por la edificación y llegada de su glorioso reino. Al mismo tiempo, se desea la conquista de ese reino venidero en las vidas de las personas que están perdidas.

"*Hágase tu voluntad*"– La voluntad de Dios es ratificada como perfecta, y se promete obediencia. La voluntad del que ora se somete a la de Dios.

"*El pan nuestro de cada día, dánoslo hoy*" – Todo lo que requerimos para el cuerpo y el alma es buscado. Se reconoce total dependencia de Dios.

"*Perdónanos nuestras deudas*"– Una limpieza *diaria* de nuestros pecados es buscada, y el deber de perdonar a otros es aceptado.

"*No nos metas en tentación*"– Una oración para que Dios nos mantenga a salvo de pertenecer al mundo, del orgullo y de cualquier otro pecado.

"*Más líbranos del mal*"– Un oración de ayuda y rescate una vez que la batalla diaria contra el pecado ha comenzado.

"*Porque tuyo es el reino...*"– Se afirma que todo poder pertenece a Dios, y todo está bajo su jurisdicción, y que Él puede llevar a cabo toda su voluntad y sus promesas.

La oración más larga del Señor que se encuentra en registro, *Juan 17*

El capítulo debería ser estudiado más detalladamente de lo que aquí es presentado, pero los siguientes tópicos generales de oración deberían ser vistos claramente y debería orarse por ellos y afirmarlos y exaltarlos.

v1	Oración al Padre de que el Hijo sea glorificado
v2	El reinado de Cristo y su oficio como Salvador
v3	Los propósitos supremos de Dios
v4	La obra terminada de Cristo
v5	El que Cristo es el Hijo eterno
v6	El pueblo de Cristo elegido, salvo y compelido a permanecer obediente a la Palabra
v7-8	La Palabra e iluminación
v9-11	Intercesión por los hijos de Dios, particularmente por que sean guardados en salvedad
v12	Seguridad eterna
v13	Regocijo cristiano
v14	La nueva naturaleza
v15-16	Que se nos preserve separados del mundo
v17	Santificación
v18	La gran comisión
v19	Dedicación
v20	Intercesión por almas perdidas
v21-23	La doctrina sana y la unidad
v24	La gloria celestial

Más consejos del Nuevo Testamento

Efesios 3:14-19. La oración es ofrecida al Padre en reverencia: "Por esta causa doblo mis rodillas ante el Padre de nuestro Señor Jesucristo". El apóstol ensalza la majestuosidad y paternidad de Dios antes de hacer peticiones por el avance espiritual de los creyentes efesios.

Lucas 18:10-14. La parábola del fariseo y el publicano condena la satisfacción propia y exige un arrepentimiento de corazón para que la oración sea oída.

Colosenses 1:3, 9, 12. La oración es ofrecida al Padre, comenzando con acción de gracias por su gracia salvadora, y pidiendo después que los convertidos crezcan en conocimiento, sabiduría y experiencia espiritual.

2 Tesalonicenses 3:1. El apóstol pide que se ore: "Por lo demás, hermanos, orad por nosotros, para que la palabra del Señor corra y sea glorificada".

1 Timoteo 2:1-4. Debe hacerse intercesión ferviente por toda la gente, incluyendo reyes, y también por paz pública y seguridad.

Hebreos 5:7-8. Se mencionan los fuertes sentimientos de Cristo, cuando ofreció: "ruegos y súplicas con gran clamor y lágrimas".

Hebreos 10:19-22. Se hace una aproximación a Dios mediante la muerte meritoria de Cristo, cuyo sumo sacerdocio es exaltado, después de lo cual el arrepentimiento es ofrecido.

Hebreos 13:3. "Acordaos de los presos, como si estuvierais presos juntamente con ellos; y de los maltratados".

Santiago 5:16. "Orad unos por otros, para que seáis sanados. La oración eficaz del justo puede mucho".

Ejemplos de oración del Antiguo Testamento

Los siguientes son ejemplos de oración del Antiguo Testamento, que están estructurados consistentemente de acuerdo con las categorías esbozadas previamente, proporcionando guía para la oración pública.

Adoración y alabanza objetiva. *1 Crónicas 29:10-19* provee un maravilloso ejemplo del primer componente de la oración pública (solo parcialmente citado aquí):

> **"Bendito seas tú, oh Jehová, Dios de Israel nuestro padre, desde el siglo y hasta el siglo. Tuya es, oh Jehová, la magnificencia y el poder, la gloria, la victoria y el honor; porque todas las cosas que están en los cielos y en la tierra son tuyas. Tuyo, oh Jehová, es el reino, y tú eres excelso sobre todos. Las riquezas y la gloria proceden de ti, y tú dominas sobre todo; en tu mano está la fuerza y el poder, y en tu mano el hacer grande y el dar poder a todos. Ahora pues, Dios nuestro, nosotros alabamos y loamos tu glorioso nombre".**

Muchos salmos también proveen grandes ejemplos de invocación y adoración.

Afirmación, acción de gracias y confianza. *1 Samuel 2:1-10* (la oración de Hannah); *2 Crónicas 20:6-12; Salmo 23; Salmo 89:1-18; Salmo 145.*

Arrepentimiento y deseo por santidad. *Salmo 32; Salmo 51; Daniel 9.*

Dedicación. *2 Crónicas 6:14-42; Jonás 2:2-9.*

Intercesión. *Génesis 18:16-33; Éxodo 32:11-14.*

Súplica. *2 Reyes 19:14-19; Salmo 59; Isaías 38:9-16; Jeremías 12:1-4.*

El fenómeno carismático

106 páginas, tapa blanda, ISBN: 978 1 908919 31 1

Este libro provee claras respuestas bíblicas a preguntas respecto al tema de que las poderosas señales milagrosas de los tiempos del Nuevo Testamento están siendo experimentadas nuevamente.

¿Pueden compararse los "dones" de hoy en día con las señales y prodigios de la Iglesia primitiva? ¿Son lo mismo? ¿Cuál era su propósito? ¿Por qué han pasado casi dos milenios de historia de la Iglesia sin ellos, incluyendo los grandes periodos de reforma y avivamiento?

¿Tenemos una política?

Los diez puntos de la política de Pablo para la salud y el crecimiento de la iglesia

69 páginas, tapa blanda, ISBN: 978 1 870855 77 8

¿Cuáles son nuestras metas para la instrucción de nuestra congregación y para el crecimiento de la iglesia? ¿Tenemos una agenda o un plan o un marco de objetivos que deseamos alcanzar?

El apóstol Pablo tenía una política bien definida, y la llamó su "propósito": un plan expuesto para que todos lo puedan ver.

Este libro expone diez puntos de una política, espigados de la enseñanza de Pablo, todos los cuales son esenciales para el crecimiento y la salud de una congregación hoy en día.

No como cualquier otro libro

Interpretación bíblica

177 páginas, tapa blanda, ISBN: 978 1 870855 87 7

Cada uno de los grandes errores y de los "ismos" que arremeten contra las iglesias hoy en día tiene su raíz en una interpretación bíblica defectuosa. Muchos cristianos desean que se explique claramente la manera antigua, tradicional y probada de manejar la Biblia.

Un enfoque nuevo de interpretación también se ha apoderado de muchos seminarios evangélicos y colegios bíblicos. Este enfoque nuevo está basado en ideas de críticos incrédulos, despoja a la Biblia del mensaje de Dios y empobrece la predicación de los pastores. Este libro pone de manifiesto lo que está pasando y proporciona muchos ejemplos breves de interpretación correcta e incorrecta. El autor muestra que la Biblia incluye sus propias reglas de interpretación y todo creyente debería saber lo que estas reglas dicen.

Fe, dudas, pruebas y certeza

157 páginas, tapa blanda, ISBN: 978 1 908919 21 2

Una fe diaria es esencial para obtener respuesta a nuestras oraciones y para tener también un servicio efectivo, estabilidad espiritual y comunión real con Dios. Este libro responde a muchas preguntas sobre la fe, tales como:

¿Cómo podemos evaluar el estado de nuestra fe? ¿Cómo puede fortalecerse la fe? ¿Cuáles son las dudas más peligrosas? ¿Cómo nos deberíamos ocupar de las dudas difíciles? ¿Cuál es la actitud bíblica ante las pruebas? ¿Cómo podemos saber si las pruebas son para castigar y regañar, o para refinar? ¿Qué se puede hacer para obtener certeza de salvación? ¿Cuáles son las fuentes de la certeza de salvación? ¿Puede un creyente cometer el pecado imperdonable? ¿Cómo se siente exactamente la presencia del Señor?

El Dr. Masters provee respuestas, junto con mucho consejo pastoral, basándose en las Escrituras de principio a fin.

Membresía en la iglesia

65 páginas, tapa blanda, ISBN: 978 1 908919 25 0

Cristo ha diseñado un "hogar" o familia para su pueblo, y las siguientes páginas describen tal diseño como el logro de la genialidad divina. Este es un tema magnífico, vital para el crecimiento y la bendición espiritual y para nuestro servicio al Salvador.

Este libro responde muchas preguntas respecto a las iglesias y a la membresía de las iglesias en los tiempos del Nuevo Testamento. Solo detrás de un verdadero caminar con Cristo y de conocer las doctrinas de la fe, ser miembro de una buena iglesia tiene una influencia formativa impactante en la vida del creyente.

El bautismo

Lo que representa y su propósito

28 páginas, folleto, ISBN: 978 1 899046 49 2

¿Por qué el Señor tendría que insistir en el bautismo de todos aquellos que han sido convertidos? ¿Cuál es el significado del bautismo? ¿Qué lo hace tan importante, especialmente a la luz del hecho de que no contribuye espiritualmente en nada a la conversión?

Este folleto tiene la intención de responder estas preguntas mostrando cómo el bautismo beneficia a la persona bautizada, a la iglesia y al mundo, y describiendo su cuádruple mensaje ilustrativo diseñado por Dios.

Este folleto procede a mostrar que el bautismo bíblico solo es para creyentes, y por inmersión, y además responde preguntas que surgen a menudo con respecto al bautismo de infantes.

Acuérdate del día de reposo

36 páginas, folleto, ISBN: 978 1 899046 42 3

¿Por qué instituyó el Señor el día de reposo? Y en la actualidad, ¿continúa el día de reposo como el día del Señor? Si es así, ¿de qué manera ha cambiado con la venida de Cristo? ¿Cómo deberíamos guardarlo?

Este folleto responde a estas y a otras preguntas mostrando que el principio que el día de reposo conlleva todavía forma parte de la voluntad de Dios para los creyentes hoy en día y exponiendo sus propósitos y bendiciones.

Mayordomía cristiana

24 páginas, folleto, ISBN: 978 1 899046 44 7

La mayordomía de los bienes es un gran privilegio y bendición para aquellos que deben tanto a Cristo, el Señor. Nuestro llamamiento es ser obreros junto con Cristo.

Este folleto presenta los pasajes del Nuevo Testamento que muestran los objetivos, motivos, proporciones y manera de la ofrenda para el reino de Cristo y las almas de hombres y mujeres.

El poder de las reuniones de oración

31 páginas, folleto, Editorial Peregrino, ISBN: 978 84 96562 70 7

¿Por qué quiere el Señor que los creyentes oren juntos? ¿Es esto un deber bíblico o es opcional? ¿Qué diferencia hay si oramos en privado o en compañía? ¿Es posible que una menguante reunión de oración arruine la obra de una iglesia? ¿Qué formato debería adoptar idealmente una reunión de oración? ¿Y cuál debería ser el estilo y el contenido de la oración? El Dr. Masters responde a estas y a otras muchas preguntas en este folleto.

Siete signos inequívocos de una conversión verdadera

23 páginas, folleto, ISBN: 978 1 899046 33 1

Este folleto es una guía de las marcas de una conversión verdadera para aquellos que dudan de su salvación, y para el uso de consejeros en cuestiones espirituales.

Actualmente hay una tendencia generalizada de invitar a la gente a tomar una decisión superficial por Cristo y de asumir que son convertidos sin tomar en cuenta si existe o no evidencia de la obra del Espíritu. Para evitar conversiones ilusorias y superficiales, la verdadera naturaleza de la conversión, junto con sus signos, debe ser reconocida y comprendida.

Cómo buscar y encontrar a Dios

16 páginas, folleto, ISBN: 978 1 899046 25 6

Este folleto es para personas que quieren encontrar a Dios. El autor muestra que encontrar a Dios no es un asunto vago, ya que existe una manera definida para la salvación provista por Dios y revelada en la Biblia. Responder a este mensaje (y a este mensaje solamente) lleva a la conversión, que es un cambio dentro de nosotros que nos trae a conocer al Dios viviente y a relacionarnos con Él.

La respuesta que debemos tener es creer. ¿Pero, qué es exactamente creer? Partiendo de la enseñanza del rey Salomón en el libro de Proverbios, este folleto muestra qué tipo de fe nos llevará a encontrar a Dios.

Vanidad de vanidades

12 páginas, folleto, ISBN: 978 1 899046 34 8

Vanidad de vanidades presenta la experiencia del rey Salomón, quien experimentó con todo tipo de placer concebible. Salomón concluyó que la vida carece de sentido y es predecible a menos que las personas busquen a Dios, lo encuentren y conozcan su poder y guía en sus vidas.

Las dificultades del que busca la salvación

20 páginas, folleto, ISBN: 978 1 899046 43 0

Este folleto responde a diez dificultades con las que se encuentran aquellos que buscan a Dios como Salvador de una forma seria. Tales dificultades no son preguntas o dudas acerca de la fe, sino obstáculos personales al acercarse a Cristo por medio de la fe. La guía que se encuentra en este folleto ha sido de gran ayuda para muchas personas que han buscado a Dios como su Salvador.

Se puede conseguir **literatura en español** de las publicaciones *Sword & Trowel* y de la *Wakeman Trust* en la siguiente página de Internet:
www.WakemanTrust.org

Se pueden descargar o ver **Predicaciones del Dr. Masters**, en formato de audio o video, gratuitamente en la siguiente página de Internet del Tabernáculo Metropolitano de Londres:
www.MetropolitanTabernacle.org

Otros Títulos Disponibles en Español

Enseñanzas para toda la vida – 1
239 páginas, tapa blanda, ilustrado, ISBN 978 84 86589 99 1

Enseñanzas para toda la vida – 2
256 páginas, tapa blanda, ilustrado, ISBN 978 84 96562 20 2

Enseñanzas para toda la vida – 3
288 páginas, tapa blanda, ilustrado, ISBN 978 84 96562 08 0

Enseñanzas para toda la vida – 4
303 páginas, tapa blanda, ilustrado, ISBN 978 84 96562 56 1

Jill Masters

Editorial Peregrino

Cada volumen contiene 46 lecciones (complementado con sugerencias de recursos visuales opcionales e ilustraciones) ideales para devociones en casa o para un año de lecciones en la escuela dominical (permitiendo ocasiones especiales y aniversarios).

Todas las lecciones tienen un énfasis evangélico, y al mismo tiempo proveen una visión memorable de todos los eventos y doctrinas más importantes de la Biblia. Todas evitan el presentar las narrativas bíblicas como meras "historias", de modo que la Palabra de Dios habla poderosamente a los que son jóvenes, enfatizando los grandes argumentos y ruegos del Evangelio.

Jill Masters ha supervisado el programa de enseñanza de la escuela dominical más grande del Reino Unido durante casi cuarenta años, y ha dado conferencias a maestros de escuela dominical en el Reino Unido, los Estados Unidos de América, el lejano Oriente, Australia y Sudáfrica. Gracias a la traducción a muchos otros idiomas de gran importancia, escuelas dominicales y padres de todo el mundo han recibido estos volúmenes con gran entusiasmo.

Complementos visuales para cada libro están disponibles con los publicadores.